Der glücklichste Mensch der Welt

Eine Anleitung

Tobias Kunert

Korrekturen: Autorenfuchs

Cover Design: Mandruschka

Motiv © der glückl!chste Mensch der Welt 😉

Was keiner lesen will, und trotzdem drin stehen muss 😉:

Alle Empfehlungen in diesem Buch sind sorgfältig bedacht worden, sie bieten jedoch keinen Ersatz für einen medizinisch-fachlichen oder psychotherapeutischen Rat. Alle Angaben erfolgen daher ohne jegliche Gewährleistung oder Garantie seitens des Autors. Eine Haftung des Autors für Personen-, Sach- oder Vermögensschäden ist ausgeschlossen.

Die Personen und Namen sind aus Gründen des Persönlichkeitsrechts abgeändert worden. Einige Zitate sind mit dem Hinweis „…" gekennzeichnet. Dabei handelt es sich entweder um ein Zitat des Autors selbst, oder um eine Mischung aus Zitat, Wissen und/oder etwas Humor. Diese Zitate können keinem klassischen Urheber zugeordnet werden, da sie aus allgemeinem Humor oder bekannten Alltagsweisheiten ohne nachvollziehbare Quellen bestehen und vielleicht gerade auf Grund ihrer natürlichen Einfachheit zum Nachdenken oder Schmunzeln anregen. Solltest du urheberrechtliche Ergänzungen bei dargestellten Studien oder Quellangaben besitzen, teile uns diese bitte mit.

Inhalt

1. Geleitwort von Martin Folgmann (Losamol)

Ich stelle meinen besten Freund Tobias immer gerne wie folgt vor:

„Das ist Tobias, er macht Menschen glücklich!"

Gefolgt von einer unverhältnismäßig langen Sprechpause!

Wenn ich dann bei allen Beteiligten die Fragezeichen in den Gesichtern stehen sehe und bemerke, dass wirklich jeder eine Frage dazu stellen möchte, nehme ich erneut Anlauf:

„Und was wirklich abgefahren ist, Tobias kann sich alle Sätze wie in Stein gemeißelt merken, weil er sowas wie ein fotografisches Gedächtnis, nur mit Akustik hat. Also überlegt gut, was ihr fragt oder sagt!"

Dann grinse ich hämisch.

Schnell bemerken dann immer alle Beteiligten, dass Tobias außerordentlicher Sinn für Humor die Situation sofort auflockert und er gerne alle Fragen beantwortet. Am Ende der geselligen Runde freuen sich alle, diesen beeindruckenden und lustigen Menschen kennengelernt zu haben. Wie oft durfte ich an solchen Situationen schon teilhaben, wunderschön und jedes Mal ein Spaß!

Seitdem er seiner Berufung folgt – Menschen durch seine gezielte Programmierung des Unterbewusstseins von ihren Ängsten, negativen Glaubensmustern und unterbewussten Einschränkungen zu befreien, hat er nicht nur die Leben der unmittelbar betroffenen Menschen nachhaltig verändert und viele dabei tatsächlich um einiges glücklicher gemacht, sondern auch die Leben deren Familien, Freunden und Bekannten.

Ich habe mich selbst von ihm hypnotisieren lassen und war sehr beeindruckt von der Situation und Wirkung. Ich habe alles wahrgenommen wie im ganz normalen und gewohnten Wachzustand, nur konnte ich mich in längst vergessene Situationen zurückversetzen. Oft weiß man gar nicht mehr, warum man etwas als negativ abgespeichert hat. Mit Hilfe seiner Hypnose konnte ich eine als negativ abgespeicherte Erinnerung wieder hervorholen und dann in etwas Positives umprogrammieren. Fortan hatte ich mein persönliches Negativprogramm (einen Trigger, der quasi auf Knopfdruck Stress in mir erzeugte) bis heute nie mehr… und das bereits nach einer einzigen Sitzung!

Jetzt dürft ihr raten, ob ich jeden meiner Tage mit seiner Morgenhypnose beginne, in der er mir unter anderem erzählt, was für ein geiler Typ ich bin, indem er mir wieder und wieder aufzählt, was ich im Leben schon alles gerissen habe. 😉

Er versucht stets die bestmögliche Version seiner selbst zu sein, was unweigerlich dazu führt, dass er noch mehr Menschen helfen kann.

Tobias konnte sich bereits von Kindesbeinen an auf eine besondere Art und Weise in Menschen hineindenken. Denken – da wären wir auch schon beim wichtigsten Thema angelangt!

„Deine eigenen Gedanken gestalten deine gesamte Welt!"

Das ist der prägendste Satz, den ich von meinem Freund Tobias lernen durfte!

Es ist nicht wichtig zu denken: „Ein anderer Mensch ist mit Sicherheit noch glücklicher als ich!" Viel wichtiger ist es, zu denken: „Ich darf der glücklichste Mensch der Welt sein, damit ich für meine Welt die größtmögliche Bereicherung bin." So erhält man seine persönliche Legitimation, der glücklichste Mensch sein zu dürfen und kann zugleich die menschlichen Laster (Neid und Eifersucht), die sich komisch im Bauch anfühlen, komplett ausmerzen. Eine klassische Win-Win-Situation!

Danke mein bester Freund auf der ganzen Welt –

Tobias!

2. Der Autor

Seit Beginn meiner Arbeit werde ich immer wieder gefragt, was ich beruflich mache… Ich wusste vom ersten Tag an immer ganz genau, WAS ich tue, aber wie ich es benennen oder beschreiben kann, kam mir erst nach über 2000 Einzelsitzungen, Seminaren, Coachings, Vorträgen und Fitness-Personaltrainings:

Ich bezeichne mich als Spezialisten für die Programmierung des Unterbewusstseins. Ich helfe meinen Kunden, ihr Unterbewusstsein zu verstehen, ihre mentalen Negativprogramme umzuwandeln und/oder ihr volles Potenzial zu nutzen. Den meisten meiner Kunden helfe ich, ihre Ziele zu erreichen, einem Großteil davon aber helfe ich, SCHNELLER und EINFACHER ihre Ziele zu erreichen.

Mit absoluter Begeisterung liebe und lebe ich meine Berufung jeden Tag aufs Neue, egal ob in Einzelsitzungen oder vor Publikum.

Ich bin, und das meine ich ganz ernst… – DER GLÜCKLICHSTE MENSCH, DEN ICH KENNE – und das war mein persönlicher Anlass, dieses Buch zu schreiben. Ich wünsche dir, liebe Leserin/lieber Leser, viel Spaß, viele Ideen und vor allem Mut zur Veränderung: Beim Lesen und vor allem beim ANWENDEN der gelernten Techniken (wer ein Buch liest, dem ist dieses Wissen nur wenig von Nutzen, wenn er es nicht anwendet).

Dein

Tobias Kunert

3. Glück…. was genau ist eigentlich Glück?

Dieses Buch soll eine Anleitung für Glück als Dauerzustand sein… aber was genau ist denn Glück nun? Fast jeder weiß, wie es sich anfühlt, jedoch eben meist in sogenannten Glücksmomenten und nicht dauerhaft. – Doch wie genau lässt sich Glück nun beschreiben?

Ein Beispiel für Glück ist eine Schicksalswendung, für die man selbst nicht verantwortlich ist, beispielsweise ein glücklicher Zufall („wir hatten nochmal Glück mit dem Wetter“).

Gleichwohl erlebt man Glück auch als ekstatischen Moment nach einem bestimmten Erfolg, für den man selbst verantwortlich ist (Gipfelkreuz auf dem Berg erreicht oder Ziellinie beim Marathonlauf überschritten).

Mit einer positiven Grundeinstellung lässt sich Glück sehr wahrscheinlich öfter erleben als mit einer negativen – vielleicht könnte man es als Glück in Form von Dankbarkeit bezeichnen. Ich hatte 2013 ein interessantes Erlebnis mit meinem Freund Beppo. Er ist ein einzigartiger und wundervoller Mensch, wohnt mit seiner Familie in Füssen und lebt seine absolute Berufung: Er stellt Eis mit teilweise sehr traditionellen Methoden und sorgfältig ausgewählten Zutaten selbst her, verkauft dieses Eis aus einer „Eiskutsche" heraus und steht mit dieser Kutsche immer da, wo er eben gerade stehen möchte, also irgendwo in Füssen. Diese durch einen Elektromotor angetriebene 6 Km/h langsame Kutsche ist ein echtes Unikat – aber wer in Füssen die Glocke der Eiskutsche klingeln hört, der weiß ganz genau, wer gleich um die Ecke „gerast" kommt 😉. Mittlerweile gilt Beppo fast als Wahrzeichen. Kein Witz, viele Touristen wollen ein Foto mit ihm gemeinsam als Urlaubserinnerung. Jeder, der einmal bei Beppo Eis gekauft hat weiß, dass es ein echtes Erlebnis ist, Beppos Kunde zu sein. Beppo ist außerdem der dankbarste Mensch, den ich kenne. Im Herbst 2013 telefonierte ich mit Beppo und er erzählte mir, dass er mit seiner Frau und seinen Kindern zum Saisonende in den Westerwald fahren wolle, wo seine Eltern lebten. Ganz begeistert rief er mich einen Tag vor Abreise nochmal an und sagte mir, dass er eine ganze Tüte mit verschiedenen Allgäuer Käsesorten für seine Familie besorgt habe.

Zwei Tage später wollte ich nur mal hören, ob er gut angekommen ist und wie der Käse bei seiner Familie ankam, da ging er in gewohnt freundlicher Art ans Telefon: „Tobias… wie schön, dass du anrufst…" und ich fragte ihn, wie es seiner Familie und ihm gehe und er antwortet: „Uns geht's wundervoll… wir sitzen gerade auf der Terrasse, schauen in die Berge und essen genau jetzt in diesem Moment den leckeren Käse…". Ich wunderte mich – seit wann gibt es einen Bergblick im Westerwald? Daraufhin entgegnete Beppo: „Ach so Tobias – nein, nein – wir kamen gar nicht so weit… uns ist auf der Autobahn ein Reifen geplatzt und wir hatten einen heftigen Unfall. Das Auto ist ein Totalschaden, und da wir erst ein paar Kilometer von Füssen entfernt waren, sind wir zu Hause geblieben, aber uns geht's allen gut und wir genießen die freien Tage."

Wenn du das hier liest, dann verstehst du sicher was ich meine, wenn ich behaupte, dass ein Mensch, der so dankbar durchs Leben geht und in allem das Positive sieht, weitaus öfter Glück verspürt als viele andere Leute, oder?

„Das „Streben nach Glück" hat als originäres individuelles Freiheitsrecht Eingang gefunden in die Unabhängigkeitserklärung der Vereinigten Staaten, das Gründungsdokument der ersten neuzeitlichen Demokratie."[1]

Physiologisch gesehen, soll Glück mit verschiedenen Endorphinen wie Oxytocin, aber auch mit Neurotransmittern wie Serotonin und Dopamin zusammenhängen, die der Körper bei bestimmten Aktivitäten ausschüttet (Nahrungsaufnahme, Sex, Sport usw.).

---

[1] Quelle: Wikipedia: https://de.wikipedia.org/wiki/Gl%C3%BCck

Grundsätzlich ist Glück also so gesehen ein Cocktail verschiedener Chemikalien in unserem Gehirn, was auch erklärt, wieso viele Medikamente oder Drogen Glücksgefühle in uns herbeiführen.

Für mich persönlich spielt es keine Rolle, was genau als Glück beschrieben wird, oder was in meinem Gehirn passiert – solange ich hierfür nichts von außen zuführen muss (siehe Kapitel 5: „Wahres Glück kommt von innen"). Für mich steht jedoch fest: ICH WILL ES HABEN – DIESES GLÜCK 😉 – so viel und so oft wie es geht. Ich denke, dass es möglich ist, Glück – wahres Glück – als Dauerzustand zu erleben. Das soll nicht heißen, dass es keine negativen Momente, schwere Zeiten oder anspruchsvolle Herausforderungen (andere nennen es auch „Probleme") mehr gibt. Aber selbst während solcher Zeiten kann man auf einem Fundament des tiefen und wahren Glücks stehen und voller Lebensenergie sein. Herausforderungen gehören sogar dazu, denn jedes Mal, wenn man eine anspruchsvolle Herausforderung im Leben gelöst hat, ist man eine „größere" und „bessere" Version seiner selbst (siehe Kapitel 0: „Ziele"). Daher gehört Persönlichkeitswachstum meiner Meinung nach UNBEDINGT zu dauerhaftem Glück.

Wenn es dir genau so geht wie mir und du glaubst, dass Glück als Dauerzustand möglich ist, und du genau das erreichen willst, nur noch nicht weißt wie – oder aber du überhaupt nicht glaubst, dass es möglich ist dauerhaft glücklich zu sein, dann hältst du gerade genau das richtige Buch in den Händen. Denn mein persönliches Rezept zum Glück kann dir, wenn du es wirklich konsequent anwendest, helfen, dein dauerhaftes Glück zu erreichen und diesen Zustand zu erhalten, oder es kann dich überzeugen, dass es eben doch geht, dauerhaft glücklich zu sein.

4. Wie komme ich dazu, ein Buch mit diesem Titel zu schreiben …?

„Das ist aber ein mutiger Titel…" ist meist die erste Reaktion, wenn ich jemandem von diesem Buch hier erzähle.

Wie komme ich nun dazu, dieses Buch zu schreiben…? Es sind wohl mehrere Gründe, die zusammenkommen…

Mitte 2012 war ich Betriebsleiter in einem Unternehmen, nebenbei bereits selbständig, außerdem Musiker und – weil alles das noch nicht genug war – machte ich ständig nebenbei irgendwelche Fort- und Weiterbildungen (meist in der Abendschule und am Wochenende). Ich verdiente alles in allem wirklich gut und ritt auf meiner persönlichen Welle des Erfolgs… bis ein Abend im Juli 2012 mein Leben plötzlich drastisch veränderte.

Ich war an besagtem Abend mit einer Gruppe von Mitschülern der Heilpraktikerschule im praktischen Unterricht. Wir sollten uns gegenseitig im Untersuchungsraum den Blutdruck messen, nach altbewährter

Methode mit Stethoskop und manueller Pumpe. Meine Kollegin pumpte die Manschette des Geräts an meinem Arm auf, ließ langsam den Druck ab (sobald Herztöne hörbar sind, ist der Wert, der in diesem Moment angezeigt wird, der systolische, also der „obere" Blutdruckwert, der beim gesunden Menschen ca. 120 mmHg beträgt). MmHg gilt innerhalb der EU als gesetzliche Maßeinheit zur Angabe des Blutdrucks. Meine Kollegin schüttelte unsicher den Kopf und pumpte erneut… nach dem zweiten Versuch rief sie die Dozentin dazu und bat um Rat.

10 Minuten später stand eine Gruppe von 17 Schülern um mich versammelt und jeder wollte einmal meinen Blutdruck messen… Ich diente als sogenanntes Negativbeispiel für die ganze Gruppe: Mein Blutdruck betrug 160/90 mmHg (es bestätigte sich damals in mehreren Untersuchungen über einen längeren Zeitraum und einer 24 Stunden Blutdruckmessung, dass ich dauerhaft zu hohen Blutdruck hatte und der Wert dieses Abends keine Ausnahme war).

Ich fuhr nach Hause, setzte mich auf meinen Balkon und reflektierte mein komplettes Leben. Ich stellte fest, dass ich zwar gut verdiente und in jedem meiner Lebensziele immer weiterkam. Mir wurde aber plötzlich auch klar, was wirklich abging. Ich wog knapp 140 kg, rauchte jeden Tag eine Schachtel Zigaretten und trank an mindestens 3-4 Tagen pro Woche Alkohol, wenn auch nicht viel, aber eben mindestens jeden zweiten Tag. Außerdem verbrachte ich die wenige

Freizeit, die ich überhaupt hatte, ausschließlich damit, in Wellnesshotels zu fahren, um mich von dem ganzen Stress, den dieses viel zu hektische Leben mit sich brachte, wieder zu erholen. Wenn ich es genau betrachtete – zog ich auf der Überholspur am Leben vorbei… und an diesem Abend wurde mir eines klar: Entweder ich ändere einiges an meinem Leben – und zwar gewaltig – oder ich werde die Konsequenzen bitterböse zu spüren bekommen.

Daraufhin habe ich angefangen, aktiv an meiner Persönlichkeitsentwicklung zu arbeiten. Und heute, wenn ich Freunde oder Klassenkameraden von früher treffe, muss ich leider oft feststellen, dass Persönlichkeitsentwicklung etwas ist, was die meisten Menschen einfach nicht betreiben (wenn sie es überhaupt kennen). Sie erzählen mir dann aus ihrem Leben, welchen Partner sie haben, ob sie ein Haus oder eine Wohnung zur Miete bewohnen oder gekauft haben, welche „Ebene" sie in welcher Firma erreicht haben und vielleicht noch, dass sie Kinder haben. ABER vor mir steht immer noch fast der gleiche Mensch, den ich zuletzt vor 20 Jahren gesehen habe: menschlich so gut wie kein Stück gewachsen. Vielleicht sogar noch den gleichen Haarschnitt wie damals… so gut wie alles genau gleich wie damals. Menschen definieren sich oft über ihren Stand in der Gesellschaft, über ihre Arbeit, über die Anzahl ihrer Kinder und noch viele andere Punkte. Was es aber wirklich bedeutet, mindestens jedes halbe Jahr im Leben einmal festzustellen: „Ich bin die beste UND glücklichste Version von mir, die es jemals gab"

– das kennen sie gar nicht. Aber woher denn auch, so was lernt man weder in der Schule noch aus den Medien. Erst recht nicht einfach mal so…

Am Anfang meiner hauptberuflichen Selbstständigkeit hatte ich kein festes Einkommen mehr… Ich hatte zwar keine Konsumschulden, aber für meine Unternehmensgründung inkl. Ausbildungen, Möbel in meinen Geschäftsräumen usw. durfte ich damals ein echtes Vermögen investieren. Ich lebte von ca. 150 € frei verfügbarem Geld im Monat. Genau zu diesem Zeitpunkt dachte ich mir das erste Mal in meinem Leben:

Ich bin reich…!!!

Zwar ohne Geld, aber ich fühlte mich wirklich das erste Mal so richtig reich. Warum fühlte ich mich reich? Ich hatte keine festen Arbeitszeiten, ich lebte von und für meine Hobbys und ich tat den ganzen Tag nur Dinge, die mir Spaß machten. Wow… reich sein bedeutet also für mich: „Ich kann tun WAS ich will, WANN ich will und WO ich will!". Ich denke, so definieren viele Leute „reich sein" und im Regelfall ist dafür sehr viel Geld nötig. Geld muss hierbei nicht zwangsläufig das Wichtigste sein. Was mich anbelangt, musste ich jedoch drei Mal in meinem Leben feststellen, dass Geld mir seeeeehr wichtig wurde – im negativen Sinne – und zwar dann, als ich viel zu wenig hatte. Als ich Sorgen hatte, meine Rechnungen oder meine Miete usw. nicht bezahlen zu können, zeigte dies, dass Geld für mich nur dann wichtig ist, wenn ich zu wenig davon habe. Geld spielt deshalb schon eine Rolle, wenn es um „reich sein“ geht, aber nicht, wie man automatisch denkt die Hauptrolle. Wir gehen später noch genauer auf das Thema Geld ein, dann siehst du mal, wie viel Geld du wirklich BRAUCHST und wie viel einfach nur der „Sucht“ dient, bestimmte Gefühle zu kaufen… (siehe Kapitel 15 „Geld“).

Mein bester Freund Martin und ich hatten 2015 entschieden, dass 40-60 Arbeitsstunden pro Woche (so viel arbeiten viele meiner Freunde und Kunden) einfach zu viel sind – und fünf Tage am Stück ohnehin. Wieso macht man das eigentlich? Genau so etwas meine ich mit reflektieren: sich ab und zu die Frage stellen „mache ich das, weil man`s halt so macht, oder ist es wirklich sinnvoll?“ Daraufhin beschlossen wir, dass wir uns jeden Dienstag einen Tag für uns Zeit nehmen wollten. Eine Mischung aus Sport, Wellness, Motorradfahren, Campen usw. macht diesen Dienstag oft wirklich zum Wochenhighlight. Faszinierend ist es immer wieder, wenn wir dienstags jemandem begegnen und gefragt werden: „Na habt ihr Urlaub?“ … Was antwortest du da? 😉

Ich habe trotzdem immer darauf bestanden, dass wir uns selbst nicht einreden, wir hätten frei oder Urlaub. Und wer hätte es gedacht… die Idee für meine Hypnose mp3.0 (näheres dazu in Kapitel 19 „Hypnose mp3.0“) entstand an einem Dienstagnachmittag auf dem Motorrad. Diese mp3 macht mittlerweile gut ein Drittel meines Jahresumsatzes aus. Ich hatte also nicht frei, sondern habe mir Raum für Kreativität geschaffen und es hat sich gelohnt. Wer in seinem Hamsterrad nur funktioniert, der kann schwer wachsen oder kreativ sein, oder…? Hinzu kommt noch, dass ich Martin meine geniale Idee von der personalisierten mp3 erzählte – und er hatte erst wenige Wochen vorher einen personalisierten Song für eine Hochzeit geschrieben. Dieser Song war das Hochzeitsgeschenk für die Braut (als Überraschung, denn sie ist begeisterter Losamol-Fan). Martin und ich schaukelten uns vor lauter Kreativität immer weiter hoch im Gespräch und plötzlich hatten wir beide ein neues „Produkt"… und beide Produkte sind bis heute ein Riesenerfolg. Als Tipp von mir: Wenn du deiner Partnerin/deinem Partner ein ganz besonderes Geschenk machen willst (z.B. einen Heiratsantrag oder einen Geburtstags-Song), wenn du einen eigenen Song über dich selbst haben möchtest, oder vielleicht sogar einen Song über deine Firma, dann gibt es meiner Meinung nach keinen besseren Songwriter/Sänger/Produzenten … als Martin Folgmann!

Übrigens existiert dieser Dienstag auch heute noch genauso wie damals. Uns war gar nicht bewusst, was wir da Geniales erschufen. Man sieht seinen allerbesten Freund jede Woche einen ganzen Tag lang, man hat einen Coach, kann gemeinsam, jeder an seinem Unternehmen, arbeiten (wenn man will) und reflektiert sich ständig gegenseitig, hat also immer zwei geniale Köpfe (siehe Kapitel 12: „Selbstwert und Selbstvertrauen" 😊) die das Unternehmen „führen". Dieser Dienstag ist sogar so schön bzw. macht so viel Spaß, dass wir einen traditionellen „Scheiß-Tag“ eingeführt haben (siehe hierzu Kapitel 6: „Humor“ – das lohnt sich wirklich 😉), damit wir niemals vergessen, unseren gemeinsamen Dienstag als etwas ganz besonderes zu betrachten.

Ein weiterer wichtiger Zeitpunkt war außerdem im Juli 2017. Ich war geschäftlich umgezogen, hatte mich vergrößert und meine Fixkosten versiebenfacht (!!!). Währenddessen war ich im gesponserten Wohnmobil unterwegs um Musik zu machen, und durfte mit meinem besten Freund Martin Folgmann und der Band Losamol einen Gastauftritt vor 25.000 Leuten in Österreich spielen. Nach diesem Auftritt, der für mich einer meiner musikalischen Höhepunkte war, wurde mir bewusst, dass ich zwei lebenserfüllende Hobbys hatte. Eines davon lebe ich bereits hauptberuflich und das andere passt vom Lebensstil überhaupt nicht dazu. Als Musiker ist man ständig unterwegs, hat meist unter der Woche frei und deshalb dann Dreh- und Interviewtermine, man lebt viel im Tourbus und die Tage sind lang. Ich habe am Tag nach diesem Auftritt beschlossen, dass ich – so weh es auch tat loslassen können muss, um fokussieren zu können: meinen Traum, den ich jetzt lebe. Ich habe deshalb nicht aufgehört Musik zu machen – jetzt ist es aber mein Hobby und nicht mein Beruf. In der Zeit darauf, als ich meine Entscheidung in die Tat umsetzte und mich beruflich voll und ganz dem Unterbewusstsein widmete, merkte ich, wie sich nochmal sehr viel mehr Leichtigkeit in mir auftat. Ich war wieder einmal die beste Version von mir, die es je gab. Ich bin durch Loslassen gewachsen – unglaublich, oder?!

Vor gut zwei Jahren habe ich dann bei meiner Selbstreflektion festgestellt, dass ich wirklich NIEMANDEN kenne (oder je kennengelernt habe), der glücklicher ist als ich. Und dieses Gefühl hat sich über die letzten zwei Jahre ständig aufrechterhalten. Mein Leben war in dieser Zeit aber keineswegs in Sicherheit und Beständigkeit eingebettet, ganz im Gegenteil, es hat sich vieles verändert und ich musste viel tun, um mir den Glückszustand zu erhalten. Aber jetzt, wo mir auch in über 2.000 Einzelsitzungen, Seminaren und Vorträgen, bei denen man viele Menschen nicht nur oberflächlich kennenlernt, sondern weit hinter deren Kulissen blickt, einfach keiner über den Weg gelaufen ist, der von sich selbst wirklich behaupten kann, vollkommen glücklich zu sein, habe ich beschlossen: jetzt ist der Zeitpunkt gekommen dieses Buch zu schreiben. Absichtlich habe ich die Formulierung von „glücklichster Mensch, den ich kenne“ zu „glücklichster Mensch der Welt“ geändert, weil ich finde, es kann gar nicht genug glücklichste Menschen der Welt geben. Und du wirst jetzt einer davon, wenn du willst und dieses Buch hier richtig einsetzt!

Los geht's! 😉

5. Wahres Glück kommt von innen

Wie anfangs beschrieben, entsteht Glück wohl irgendwo zwischen unseren Synapsen, also sollten wir doch mal genauer hinsehen?! Was passiert denn in uns, wenn wir Glück empfinden?

In Glücks*momenten* wird meist eine Neuronenverbindung aktiviert. Entweder etwas passiert um uns herum (wir bekommen ein Lob) oder wir führen eine bestimmte Handlung aus (der Raucher raucht eine Zigarette), infolgedessen unser Körper bzw. das Gehirn den „Glücksmodus" aktiviert.

Aber warum macht es das? Warum entsteht dieser Modus? Ganz einfach, weil eine ganz bestimmte Neuronenverbindung ausgelöst wird, die unserem Glauben (tief verankerte Glaubensmuster) entspricht. Ich meine hiermit nicht den religiösen Glauben (wobei der auch dazugehören kann, aber hier nicht primär). Wir glauben also, dass wir glücklich sein müssen sobald ein bestimmter Vorgang um uns herum passiert oder wir eine bestimmte Handlung ausführen. Das glauben wir, weil dieser Glaube tief in uns verankert ist. Dies entsteht entweder durch einen oder mehrere emotionale Momente (Geburtstagstorte beim Kind:

Kerzen auspusten) oder durch viele Wiederholungen (Rauchen). Nicht nur Glück wird durch solche Glaubensmuster ausgelöst, sondern auch andere Gefühle wie Angst, Geborgenheit, Trauer usw… Leider führen viele dieser (falsch programmierten) Glaubensmuster dazu, dass ein Verhalten, welches zunächst Glücksgefühle auslöst, langfristig negative Konsequenzen für uns hat, wie das folgende Beispiel zeigt:

Ein bestimmter Glaube (Schokolade ist eine Belohnung) → führt zu einer bestimmten Emotion (mit Schokolade bin ich glücklicher) → dies wiederum führt zu einer bestimmten Handlung (ich esse Schokolade) → und diese Handlung führt zur gewohnten Situation oder einem Ereignis/Ergebnis (ich nehme zu).

Und damit haben wir den Teufelskreis durchschaut. Man denkt immer, wenn man zum Beispiel abnehmen will, muss man einfach die Schokolade weglassen (oder jeder seinen persönlichen „Übeltäter" eben). Dieses System funktioniert aber meist nicht, zumindest nicht lange.

Bleiben wir mal beim Beispiel Gewicht.

Ich hatte mal einen Kunden, der mir erzählte, wie wenig er esse, er aber einfach nicht abnehme. Als er mir detailliert aufzählte, was er täglich isst, konnte ich es selbst nicht ganz glauben und bat ihn, ein paar Tage lang eine Kalorienbilanz mittels einer App zu führen. Dabei stellte sich heraus, dass er fast jeden Abend einen ganzen Liter Apfelsaft trank. Er erzählte mir hinterher, er könne auf alles verzichten, aber nicht auf seinen Apfelsaft… Beim genaueren Erfragen kam dann heraus (das war ihm zu diesem Zeitpunkt selbst nicht bewusst), dass er immer, wenn er krank war, von seiner Oma Apfelsaft bekam. Sie glaubte, es sei das beste Heilmittel, das es gab. Seine Oma wohnte damals mit im Mehrgenerationenhaus und er hatte ein sehr inniges Verhältnis zu ihr. Wenn er krank war, bekam er die ungeteilte Aufmerksamkeit, alle Liebe, die er sich nur vorstellen konnte, Wärmflaschen im ständigen Wechsel damit er nie frieren musste – und immer wieder dieses sanfte Streicheln über seine Wange von der fürsorglichen Oma, die dann immer sagte, er solle viel trinken und ihm Apfelsaft gab. Jetzt würde man ernährungswissenschaftlich einfach sagen „Lass den Apfelsaft weg"!

Wir hingegen unterbrachen seinen persönlichen Teufelskreis:

Er konnte sich damals nicht von seiner Oma „verabschieden", da sie eines plötzlichen Todes starb. Obwohl es einige Jahre zurücklag, hatte er ihren Tod wohl noch nicht 100%ig verarbeitet. Da unser Unterbewusstsein nicht unterscheiden kann, ob wir Dinge in der Realität erleben oder mental, haben wir den Abschied einfach nachgeholt…. Wie bitte?

Ja, du hast schon richtig gelesen. Wir haben in einer Hypnosesitzung ein „Wiedersehen" stattfinden lassen (**Achtung**: ich grenze mich hier von jeglicher Übersinnlichkeit ab, ich spreche lediglich von der VORSTELLUNG dieses Wiedersehens – während einer Hypnosesitzung). In diesem „letzten“ Gespräch, das mental stattfand, klärten wir unter anderem, dass Omas Nähe nicht mit dem Apfelsaft zusammenhing, sondern, dass er die Nähe und Liebe auch so spüren darf, wenn er an seine Oma denkt. Dann konnte er sich in unserer Hypnose noch mental von ihr verabschieden und sie wirklich „loslassen“.

Damit haben wir den Glauben(ssatz) verändert, dass Apfelsaft mit Gefühlen wie Liebe, Nähe oder Aufmerksamkeit zusammenhängt, sodass der Geschmack oder Geruch von Apfelsaft nicht mehr sein Belohnungssystem aktiviert. Damit war der Teufelskreis durchbrochen. Die Emotion (der Wunsch nach diesen Gefühlen) hing nun nicht mehr mit Apfelsaft zusammen … er denkt nun einfach öfter an seine Oma, weil er ein Foto von ihr direkt neben seiner Küchentüre aufgehängt hat. Da die Emotion fehlt (der Wunsch nach Apfelsaft), kommt es erst gar nicht zur Handlung und damit auch nicht zum gewohnten Ergebnis. Wow, der Teufelskreis war durchbrochen – und obwohl es erst einmal viel komplizierter klingt, als einfach nur den Apfelsaft wegzulassen, ist es umso vieles einfacher – denn es wirkt dauerhaft!

Man kann sich kaum vorstellen, welche Macht unsere Glaubensmuster über uns haben. So musste ich eines Tages feststellen, dass Nikotin die einzige Droge ist (ich war knapp 10 Jahre lang Raucher!), die keinen echten Rausch erzeugt. Der ach so selbst reflektierte Tobias Kunert hat also 10 Jahre lang Geld ausgegeben und seine Gesundheit riskiert, seine Gedanken kontrollieren lassen und eine Sucht „ausgelebt“ für eine Droge, die nicht einmal eine richtig spürbare Wirkung erzeugt…? Wow, ich war sprachlos.

Seitdem sage ich jedem Raucher, der zur Raucherentwöhnung zu mir kommt, wenn er denkt, er sei wegen einer körperlichen Nikotinabhängigkeit hier, dann soll er mal eine Zigarette zwischen Daumen und den kleinen Finger (anstatt wie gewohnt dem Zeigefinger) nehmen, soll diese Zigarette dann durch die Nase rauchen (also sowohl das Ein-, als auch das Ausatmen) und soll mir dann sagen, ob er das gleiche Gefühl spürt, wie wenn er „normal“ durch den Mund raucht (also beispielsweise Belohnung oder Entspannung).

Meist ist die Antwort ein Lachen oder ein sofortiges NEIN, ohne Experiment. Warum wird er sich denn dann nicht fühlen wie gewohnt? Na weil er nicht vom Nikotin selbst abhängig ist (es gibt schon eine körperliche Nikotinsucht, aber die ist meist das „kleinste Problem“), sondern vom Ritual des Rauchens: Also „sich selbst mal rausnehmen“, Zigarette in den Mund, den Geruch riechen, den Geschmack kosten, tiefes Ein- und dann wieder Ausatmen… usw.

Darum sind auch viele ehemalige Raucher ein Leben lang gefährdet rückfällig zu werden. Der Glaube daran, was die Zigarette auslöst, wird nie geändert, sondern einfach mit Willen und Disziplin die Zigarette weggelassen. Entweder wird sich dann in Momenten, in denen der Wunsch nach einer Zigarette erscheint, abgelenkt, was dazu führt, dass unser Unterbewusstsein Folgendes abspeichert: „Die Zeit des Rauchens war aber entspannter...“, oder aber die Sucht wird verlagert, zum Beispiel auf Süßigkeiten und man nimmt zu. Man nimmt aber nicht zu, weil man mit dem Rauchen aufhört, nein, sondern weil man mehr isst. Und das führt dazu, dass unser Unterbewusstsein abspeichert „als Raucher war ich schlanker“.

Irgendwann kommt dann der große „Tag X“ … zu viel Stress in der Arbeit, Streit mit dem Partner, ein Verkehrsunfall oder zu viel Alkohol bei gesellschaftlichem Anlass… und Zack, wird wieder zur Zigarette gegriffen. Dann macht man sich noch ein paar Wochen lang vor sich selbst lächerlich, indem man bestimmte nahezu erbärmliche Regeln aufstellt (nur am Wochenende rauche ich, dann nur beim Zusammensitzen mit Freunden, dann werden Freunde nur deshalb auch unter der Woche eingeladen damit man rauchen kann… usw.) und dann raucht man einfach wieder wie früher… ja ja, wer kennt das nicht 😉.

Ich dachte immer, ich hätte mich jetzt von allen Abhängigkeiten befreit…. aber in dieser Hinsicht wurde ich eines Besseren belehrt. Ich höre in meiner Arbeit sehr viele Leidensgeschichten und da meine Arbeit der Schweigepflicht unterliegt, kann man sich fast nicht vorstellen, was ich schon alles gehört habe! Es ist kaum denkbar, was hinter unseren Haustüren so alles passiert.... Ich bin trotzdem der Meinung, dass die Arbeit mit der Psyche des Menschen (zum Beispiel in der Einzelsitzung) keinen der Beteiligten „Energie" kosten muss. Wenn der Kunde fühlt, ihm wird geholfen, und der Trainer/Coach/Therapeut fühlt, er hilft, dann gehen beide mit einem Lächeln und voller Lebensenergie aus der Sitzung. Ich habe in meinen ersten Lernstunden in der Hypnose von einem Kollegen aus der Schweiz erfahren, dass es für ihn das Wichtigste ist, ein Ventil zu haben. Er war damals bereits selbständig, hatte ein Haus, und im Anbau daran seine Praxis für Psychotherapie. Zwischen Anbau (Praxis) und Wohnhaus hatte er ein kleines Badezimmer mit Dusche einbauen lassen und sein Ritual war es, dass er sich immer nach der Arbeit „das Leid seiner Patienten" abduschte.

Die Idee dahinter ist gar nicht verkehrt, denn unser Unterbewusstsein reagiert stark auf Rituale, da diese wiederum Emotionen auslösen. Ich gewöhnte mir (praktisch gedacht) einfach an, meinen Sport als „Befreiungsritual" von all dem Leid, das ich höre, zu nutzen. Das hatte gleich 3 Vorteile:

1. Ich hatte ein Ritual, deshalb entstand der Glaubenssatz ..."Sport ist mein Ventil...so lasse ich Negatives raus und bleibe mental gesund und positiv",
2. ich mache seitdem noch mehr Sport und
3. ich zählte ab da an Sport zur Arbeitszeit – also leidet meine Freizeit nicht darunter 😉

Das hat alles wunderbar funktioniert. Jahre lang… Dann kam 2020 der Corona-Shutdown und die Fitnessstudios hatten geschlossen. Per Videotelefonie konnte ich trotzdem einen Großteil meiner Arbeit machen… Es war mir wirklich erst nicht bewusst, aber plötzlich fing meine Arbeit an mich zu berühren… emotional… auch nach Feierabend… ich merkte also, ich bin *abhängig*. Auch wenn das erst einmal positiv klingt, Sport ist Arbeit und eine Sportabhängigkeit ist doch das Beste, was einem passieren kann. Aber ich habe es zum Glück rechtzeitig erkannt und für mich neue Rituale in der Selbsthypnose erschaffen, die es mir ermöglichen, im Falle einer Verletzung oder eines Shutdowns auch „anders“ den „Ballast“ ritualartig loszuwerden als über Sport.

Wer sich nicht damit beschäftigt was Gefühle sind und wie sie entstehen, wird vielleicht ein Leben lang davon ausgehen, dass man Gefühle von AUßEN (Zigaretten, Schokolade, usw.) zuführen muss. Und damit gehören sie zur undenkbar großen Gruppe der Konsumsüchtigen. Und viele von uns sind viel süchtiger als sie denken, sie sind der Konsumsucht verfallen und merken es nicht einmal.

Rechne dir jetzt mal aus, wie „süchtig“ du bist, mach es wirklich 😉:

Wie hoch ist dein monatliches Nettoeinkommen*?	
Wie hoch sind deine Fixkosten (Miete, Strom, KFZ-Versicherung, monatliche Raten usw.)?	
Wie hoch sind deine sonstigen notwendigen Lebenserhaltungskosten (Kindertaschengeld, notwendige Anschaffungen im Durchschnitt, usw.)?	
Welcher Betrag bleibt übrig?	
Wie viel sparst du davon auf ein separates Konto?	
Welcher Betrag bleibt JETZT noch übrig (=Endergebnis)	

*wenn dein Einkommen variiert und/oder du Unternehmer bist, dann nimm bitte das durchschnittliche monatliche Nettoeinkommen.

Zunächst hoffe ich nun, dass da (Endergebnis) eine positive Zahl steht, sonst solltest du vielleicht generell etwas ändern, wenn du dich nicht verschulden willst.

Dieses Endergebnis zeigt in der Regel an, wie viel du im Monat für Gefühle ausgibst. Ja, richtig: Gefühle.

Egal ob du dir ein Motorrad kaufst, eine Gitarre, einen Urlaub buchst oder dein Geld für Essen gehen oder die Disco ausgibst… das sind alles „nur“ Gefühle.

Als ich das erste Mal, wie oben beschrieben, 2015 feststellte, dass ich reich bin, hatte ich gerade mal 150 € frei verfügbares Geld pro Monat. Diese Zeit hat sich deshalb so gut angefühlt, weil mein Leben in dem Moment so wunderschön, spannend und rundum „erfüllt“ war, dass ich gar keine zusätzlichen Gefühle mehr vermisst habe. Ich war nie mehr „urlaubsreif“, ich muss mir bis heute bewusst Urlaub nehmen und ich genieße ihn tatsächlich sehr, aber ich lebe meinen absoluten Traum, also brauche ich nicht viel „drumherum“, um glücklich zu sein. Wenn du einen Job hast, der dir keinen Spaß macht, dann stell dir bitte mal vor, du könntest jeden Tag, wann immer du willst, dein Hobby ausüben und könntest davon leben – denn das ist wirklich möglich. Warum hat man mir das in der Schule nicht erzählt...?!

Beobachte dich jetzt einfach mal in den nächsten Tagen (wir programmieren dir gerade einen Wahrnehmungsfilter 😉), wie oft du Geld ausgibst, das nicht zu deinen Fixkosten zählt, oder zum Überleben dient?!

Und ob du es hören willst oder nicht… dieses Geld könnte sinnlos ausgegeben sein, oder? Wer seinen Job liebt, den stört es kaum, wenn er mal ein paar Stunden länger arbeiten muss. Wer (noch) einem Job ausschließlich nachgeht, um Geld zu verdienen, der arbeitet oft mehr als er müsste (nach dieser Rechnung).

Was ich damit sagen will ist – wenn du dein Leben so gestaltest, dass du so oft wie möglich so glücklich wie möglich bist, dann musst du weniger zusätzliche Gefühle kaufen (um glücklich(er) zu sein), und musst nicht zwangsläufig so viel Geld verdienen, um es dann wieder in Gefühle zu investieren.

Es ist meist nicht wahr, dass es in einer Firma ausschließlich Vollzeitstellen gibt, oder dass man in einem bestimmten Beruf oder ab einer bestimmten „Position" in der Firma soundso viel arbeiten muss. Das macht man nur so, weil es halt jeder so macht. Wenn du weniger Arbeiten willst, du gut bist in dem, was du tust (und das auch weißt) und dich gut verkaufst bzw. deine Idee, dann wird es möglich sein, so viel (oder wenig) zu arbeiten, wie du willst. Wenn du ein guter Mensch bist, wahre Werte hast, überzeugt bist von dem, was du tust und andere überzeugen kannst, weil du weißt, du tust allen Beteiligten etwas Gutes damit – dann bestimmst DU wie deine Work-Life-Balance aussieht, und niemand anders – nur DU".

Was würde ich mit mehr Freizeit anfangen (was kein Geld kostet), das mich glücklich machen würde: ____

____

____

____

____

____

Wie überzeuge ich meinen Chef/meine Angestellten davon, mehr Freizeit zu haben, falls ich das möchte (das erfordert schon etwas Selbstbewusstsein, aber wenn du deinen Arbeitgeber davon überzeugst, dass er dadurch keinen Nachteil hat, warum sollte er ablehnen…?):

Gibt es Benachteiligte? **Achtung**: Kunden sind nicht benachteiligt, nur wenn Sie etwas länger warten müssen – wenn du es wert bist, warten sie gerne!

Triff eine Entscheidung (keinen Wunsch – eine Entscheidung!!!):

Wer bereits die richtige Work-Life Balance für sich gefunden hat, kann wirklich stolz auf sich sein. Ich kenne kaum jemanden, der diesbezüglich keine „Baustelle“ hat.

Also, wenn man das System einmal durchschaut hat, dann KANN man es unterbrechen und umprogrammieren, wie man möchte. Ob nun jemand seine Zigarette raucht, der andere sein Gipfelkreuz erreichen muss, der nächste Schokolade isst und wiederum andere einfach zum Feierabend auf dem Balkon sitzen und die Umgebung betrachten – Glück entsteht immer zwischen unseren Synapsen und WIR alleine entscheiden (spätestens ab jetzt), was wir glauben, das Glück in uns auslöst. Was wir glauben, führt zu Emotion, die wiederum zur Handlung und diese wiederum zum Ergebnis.

Glaub dir jetzt einfach, dass du der glücklichste Mensch der Welt bist, und dein Glück so rasch ansteigt, dass du in einem halben Jahr nochmal doppelt so glücklich bist und in genau diesem Tempo wird es weitergehen.

Was passiert jetzt?

Du glaubst es dir (sag es einfach so oft wie möglich, immer wieder…), das führt zur Emotion Glück… diese wiederum verstärkt die Wahrnehmungsfilter auf Glück und dir fallen jeden Tag von früh bis spät immer mehr und mehr Dinge auf, die dich glücklich machen. Das führt wiederum zur Handlung – du tust noch mehr Dinge, die dich noch glücklicher machen – und zum Ergebnis – du wirst NOCH glücklicher.

Wow… Los geht's:

Ich bin der glücklichste Mensch der Welt und bin Tag für Tag immer noch glücklicher!!!

Ich habe mir mit einem Beschriftungsgerät den Text „glücklichster Mensch der Welt" ausgedruckt und passend dazu lächelnde bzw. lachende Emojis. Über meinem Badspiegel hängt dieser Text in großer Schriftt. An einer Stelle im Tonstudio, die ich automatisch IMMER beim Einsprechen der Hypnose mp3.0 ansehe ebenfalls. Und an meinem Laptop, wenn ich ihn öffne, direkt über dem Bildschirm hängt es auch. So werde ich immer und immer wieder (vor Allem unbewusst – und darum geht es ja bei Glaubenssätzen) daran erinnert, dass ich der glücklichste Mensch der Welt bin.

Ich denke, wenn du dieses Buch richtig einsetzen willst, hast du nun ein paar Dinge zu erledigen 😉. Mach ruhig mal eine Pause und wende das bisher Gelernte an! Sieh dir deine Notizen nochmal durch und fang direkt mit der Umsetzung an.

Viel Spaß und Erfolg!

6. Humor

Nichts im Leben hat mir so sehr geholfen wie Humor… Nichts im Leben hat mich so oft zum Lachen gebracht wie Humor. Nichts im Leben war so oft und so sehr meine Medizin wie Humor.

Egal ob im Privatleben oder im Beruf, ich habe IMMER mit Humor gelebt. Wann hast du das letzte Mal so richtig von Herzen gelacht? Schreib es dir bitte hier auf:

____

____

Sollte da nicht stehen gestern oder heute, dann hast du eine Baustelle, selbst wenn du dich gerade im „Ausnahmezustand“ (Berufswechsel, Gründungsphase der Selbständigkeit, Trennung, stressige Zeiten…. Könnte also oft auch als „Ausredezustand“ bezeichnet werden 😉) befindest. Ich habe im Januar 2014 das Fernsehen und das Radiohören in meinem Privatleben abgeschafft. Ich sehe zwar ab und zu einen gezielt ausgewählten Film an und höre natürlich viel Musik, aber ich bin „Medien-Faster“. Die essentiellen Informationen bekomme ich trotzdem immer irgendwie mit (Gespräche usw.) 😉.

Man kann jedoch am Programm des öffentlichen TVs gut erkennen, was die Menschen sich ansehen wollen, wenn Sie von der Arbeit nach Hause kommen. Sie schauen sich meist Sendungen an bei denen die Darsteller ein

- witzigeres,
- spannenderes, oder
- traurigeres (erzeugt wahrscheinlich das Gefühl, dass das eigene Leben gar nicht soooo schlimm ist, wie man immer wieder denkt)

Leben führen als sie selbst. Mal ganz abgesehen davon, dass man auch sein eigenes Leben witziger oder spannender gestalten könnte, ist es doch interessant, warum sich Menschen nach Feierabend (das sind meist die Zeiten, zu denen Comedy-Serien ihren Platz im Programm finden) etwas Witziges ansehen wollen, oder?! Natürlich deshalb, weil die meisten Menschen ihre Arbeitsstelle nicht mit Humor verbinden können. Aber warum denn bitte nicht? Ich habe überall, wo ich gearbeitet habe und selbst in der Schule (ja sogar die Lehrer mussten manchmal mitlachen) immer mit Humor „gearbeitet". Egal ob als Lehrling oder als Chef – es macht doch alle viel glücklicher.

Und selbst während „schlimmen" Zeiten/Vorfällen des Lebens: Humor macht doch alles viel „leichter". Meine autistische Schwester Lisa wurde im Jahr 2015 medikamentös neu „eingestellt", weil sie mehrmals wegen Reizüberflutung „Ausraster" hatte. Man kann sich kaum vorstellen welcher Überflutung von Reizen aller Art einige Autisten im Alltag ausgesetzt sind. Ich durfte mal in einem Vortrag über Autismus einen simulierten Geräuschpegel hören, den Lisa vermutlich den ganzen Tag hört – ich wäre nach wenigen Sekunden beinahe „durchgedreht". Bei diesen „Ausrastern" hat sie nicht nur sich selbst, sondern auch andere Personen körperlich verletzt. Diese Art von „Ausrastern" werden aber weder absichtlich „ausgelebt", noch können sie von ihr bewusst gestoppt werden. Ein paar Minuten später ist sie wieder bei klarem Verstand und ihr tut alles furchtbar leid, nur hilft das den Personen, die „dabei" waren dann auch nicht mehr viel.

Diese neuen Medikamente führten dazu, dass sie die Reizüberflutung besser verarbeiten konnte bzw. es gar nicht erst soweit kam. Dadurch hat sie das erste Mal nach knapp elf Jahren Schweigen (mein absoluter Ernst: elf Jahre lang hat sie nicht gesprochen!!!) von sich aus wieder gesprochen. Was das alles ermöglicht und erleichtert, kann man sich zunächst gar nicht vorstellen! Allein schon beim Arzt, wenn sie Schmerzen hat usw., Lisa konnte ja nie etwas sagen. Plötzlich konnte Lisa so vieles wieder tun, was sie vorher nicht konnte. Die Vorteile lagen also wirklich klar auf der Hand. Die Medikamente haben nur einen Nachteil bzw. eine Nebenwirkung, die WIRKLICH nicht unerheblich ist.

Lisa hat seitdem einen enormen Bewegungszwang und läuft ständig im Zimmer auf und ab, sie kann ab und zu mal eine Stunde sitzen aber dann läuft sie wieder… immer auf und ab… Im Wohnwagen ist das echt gewöhnungsbedürftig, wenn wir campen und ich beispielsweise ein Buch lese: immer zwei Schritte auf und zwei Schritte ab, und alles wackelt 😉.

Anfangs war es für uns alle hart das mit anzusehen. Keiner aus der Familie hatte zu Beginn direkt über diesen Bewegungszwang gesprochen… alle wollten erst einmal abwarten. Und dann sagte ich meiner Mama (ich hab das natürlich vorher mit Lisa abgesprochen, denn sie kann sehr wohl klare Entscheidungen treffen) sie soll mein Handy nehmen und ein Video drehen. Ich ließ das „Polonäse“ Lied laufen, lief hinter Lisa her und wir sangen mit. Ich schickte das Video an die ganze Familie (an meine Eltern und meinen Bruder). Folgenden Kommentar habe ich dem Video beigefügt: „Scheiße, ich hab versehentlich Lisas Medikamente genommen, was soll ich tun?“ Alle, inklusive Lisa haben so herzlich darüber gelacht – und das vergessen wir nie mehr – dass wir seitdem doch ein bisschen anders mit dieser etwas heftigen Nebenwirkung umgehen 😊.

Was ich damit sagen will ist, eine „Sache“ im Leben ist immer genau so schlimm, traurig, stressig, schön oder lustig, wie du sie betrachtest… Du kannst es dir schwer oder leicht machen. Ich mach es mir meistens lustig und schön, das ist am lustigsten und am schönsten 😉.

Man kann sogar mit Humor streiten, wenn beide mitmachen… Zum Beispiel, wenn man sich in einem „Nicht-Streit“ Moment einfach mal witzig gegenseitig nachmacht (es sollte wirklich WITZIG, und nicht böse nachgemacht werden).

Ich habe mit meinem besten Freund Martin nach etwa zwei Jahren, seitdem unser gemeinsamer Dienstag stattfand, bemerkt, dass wir an einem Vormittag die Zeit „versehentlich“ nicht so sehr geschätzt haben wie sonst. Der Mensch ist ein „Gewohnheitstier“ wie man so schön sagt, und schätzt die meisten Dinge erst richtig, wenn sie mal nicht mehr da sind. Wie oft hast du dich schon darüber gefreut, dass du beispielsweise laufen oder sehen oder schmecken kannst…? Würde dir diese Fähigkeit jedoch ab morgen fehlen, wie sehr würdest du dich darüber ärgern?

Weil wir alles immer so gerne mit Humor lösen, haben wir gleich nach einer „Therapiemöglichkeit“ gesucht, dass uns so etwas nie mehr passiert – und so ist die Idee unseres

„Scheiß-Tages“

entstanden. Wir sind beide sehr lustige aber auch, wie man im Allgäu so schön sagt, „eigene“ Menschen. Es gibt Dinge, die mögen wir einfach überhaupt nicht und tun sie deshalb auch nicht. Manche dieser Punkte überschneiden sich, aber jeder hat auch seine eigene Scheiß-Tätigkeiten-Kategorien. Bewusst erwähne ich im Folgenden nicht, wer von uns was nicht mag, das dient dem Selbstschutz 😉.

Wir haben also ausgemacht, dass wir einen Dienstag zum Scheißtag machen. Wir machen von früh bis spät ausschließlich Dinge, die wir entweder beide hassen oder eben nur einer von uns hasst. Dazu gehörten zum Beispiel:

- Extrem früh aufstehen (einer von uns ist Musiker haha);
- KEINEN Kaffee trinken;
- mit einem winzig kleinen Auto vollkommen ohne PS 😉 rumfahren (den ganzen Tag);
- nur Süßigkeiten essen (einer von uns beiden mag keine Süßigkeiten);
- Nordic Walking (inkl. Voku-Hila Perücke);
- eine Kinderportion im Restaurant bestellen;
- Brettspiele spielen;
- die Anleitung des kompliziertesten Brettspiels der Welt lesen 😉;
- ein saures Radler 0,33 L bestellen

und noch vieles mehr. Von da an war uns klar, wir müssen jährlich einen Scheißtag stattfinden lassen. Ideen hierzu sind jederzeit herzlich Willkommen (unter info@tobias-kunert.de).

Vielleicht denkst du sogar gerade schmunzelnd darüber nach, selbst mal einen Scheißtag zu machen…. Vielleicht alleine… oder mit deiner besten Freundin/deinem besten Freund oder mit deiner Partnerin/deinem Partner, dann schreib dir sofort deine Gedanken auf. Sofort. Doch. Tu es 😉. Schreib deine eigenen „Scheiß-Tätigkeiten" auf, also Dinge die du niemals freiwillig tun würdest. Los:

-

-

-

-

-

-

-

-

-

-

Schickt uns gerne Fotos, viel Spaß – auf erfolgreiche Therapiewirkung 😉.

7. Glück laut meinem beruflichen und privaten Umfeld

Ich habe, bevor ich angefangen habe dieses Buch zu schreiben, einige Leute aus meinem beruflichen und privaten Umfeld gebeten, mir (ohne Vorlage) je ca. 10 Punkte zu nennen, die für sie zum dauerhaften Glück gehören. Die Alters-Spanne lag zwischen 10 und 65 Jahren, was sich so ergab und kein gezieltes Auswahlverfahren war. Nach der nächsten Übung siehst du also, was dauerhaftes Glück für meinen engsten beruflichen und privaten Kreises bedeutet. Die Punkte sind nicht speziell geordnet. Es gibt keine Rangfolge, einige Punkte überschneiden sich sogar, aber ich habe bewusst keine Auswertung erstellt, sondern lediglich jeden Punkt, der genannt wurde, aufgeführt. Aber trau dich doch erst einmal selbst.

Übung:

Erstelle hier drunter doch mal deine eigene Liste… schreibe ca. 10 Punkte auf (egal welche…), die für dich zum Glück als Dauerzustand gehören.

Also wenn ich………………... dann bin ich dauerhaft glücklich (BIN und nicht WÄRE! Dazu später mehr)!

1. ____________________________________

____

____

____

2. ____________________________________

____

____

____

3. ____________________________________

____

____

____

4. ____________________________________

____

____

____

5. ____________________________________

____

____

____

6.

7.

8.

9.

10.

Hier siehst du nun, was mein persönliches und berufliches Umfeld über Glück als dauerhaften Zustand denkt. ACHTUNG: es gab keine Abstimmung! Jeder Punkt, der aufgeführt ist, wurde mindestens einmal von meinem Umfeld genannt und nicht jeder der Befragten würde jeden Punkt wählen!

Nutze diese Punkte einfach mal als Inspiration für dich – kreuze an, wie wichtig dir welcher Punkt ist – vielleicht entwickelst du daraus neue Ziele, wer weiß?!

Fülle diese Tabelle möglichst aus, ohne darüber nachzudenken: lass deinen Bauch entscheiden! Lies jede Aussage und setze dein Kreuz zwischen „trifft nicht zu" und „trifft voll zu". Es ist wichtig, dass du diese Fragen „aus dem Bauch raus" beantwortest – je länger du darüber nachdenkst, desto mehr könnten deine Gedanken die unbewussten Wünsche/Programme verfälschen.

Ich bin dauerhaft glücklich, wenn…	Trifft nicht zu	Trifft manchmal zu	Trifft häufig zu	Trifft voll zu
1. ... ich körperlich gesund bin.				
2. … ich mich mental gesund fühle.				

Ich bin dauerhaft glücklich, wenn…	Trifft nicht zu	Trifft manchmal zu	Trifft häufig zu	Trifft voll zu
3. … ich eine richtig harmonische Partnerschaft mit blindem Vertrauen führe.				
4. … ich eine echte Familie (Eltern…. Geschwister… usw.) habe.				
5. … ich eine echte Familie (Ehefrau oder -mann, Kinder…) habe.				
6. … ich einen Beruf habe, der mich erfüllt.				
7. … ich finanziell unabhängig bin.				
8. … ich Anerkennung durch die Gesellschaft (Titel, Beruf, Amt, …) genieße.				

Ich bin dauerhaft glücklich, wenn…	Trifft nicht zu	Trifft manchmal zu	Trifft häufig zu	Trifft voll zu
9. … ich ein Eigenheim besitze.				
10. … ich ein Optimist bin. Keine Sorgen kenne… Jedes „Problem“ als Herausforderung sehe – es löse – und daran wachse!				
11. … ich innige Freundschaften führe und pflege.				
12. … ich die Welt (und andere Kulturen) bereisen kann				
13. … ich täglich lächeln kann.				
14. … ich liebe und geliebt werde.				

Ich bin dauerhaft glücklich, wenn…	Trifft nicht zu	Trifft manchmal zu	Trifft häufig zu	Trifft voll zu
15. … ich Zeit mit Tieren verbringe (z. B. als Hobby).				
16. … ich Anderen etwas Gutes tue.				
17. … ich mich stetig persönlich weiterentwickle.				
18. … ich immer wieder feststelle – ich bin JETZT die beste Version von mir, die es jemals gab (Karriere, Persönlichkeit, Kontostand, Familie, Freiheit usw.).				
19. … ich, in dem was ich mir vornehme, erfolgreich bin.				

Ich bin dauerhaft glücklich, wenn…	Trifft nicht zu	Trifft manchmal zu	Trifft häufig zu	Trifft voll zu
20. … ich Berufung und Bestimmung finde und lebe.				
21. … ich ein gesundes Selbstvertrauen – egal in welcher Situation – habe.				
22. … ich Urvertrauen kenne und lernen durfte.				
23. … ich mich von Dingen loslösen kann (Personen, Berufen, Hobbys, Vereinen, usw.), die mir nicht guttun (oder die mich nicht weiterbringen).				

Ich bin dauerhaft glücklich, wenn…	Trifft nicht zu	Trifft manchmal zu	Trifft häufig zu	Trifft voll zu
24. … es mir egal ist, welcher Wochentag gerade ist – jeder ist gleich schön.				
25. … ich nicht arbeiten muss – sondern WILL				
26. … ich Harmonie im Leben habe.				
27. … Frieden herrscht.				
28. … ich mich immer wieder selbst reflektiere und an mir arbeite.				
29. … ich zur richtigen Zeit am richtigen Ort bin.				

Ich bin dauerhaft glücklich, wenn…	Trifft nicht zu	Trifft manchmal zu	Trifft häufig zu	Trifft voll zu
30. … ich mit wichtigen Werten in der frühesten Kindheit geprägt wurde (Ehrlichkeit, Loyalität, Gerechtigkeit…)				
31. … ich die Fähigkeit zur Empathie besitze und anwende.				
32. … ich schöne Urlaube mache.				
33. …ich Essen und Trinken habe.				
34. … ich feststelle, dass meine Kinder das Leben, was ich ihnen vorgelebt habe (**Achtung**: Werte usw. nicht den Beruf den du möchtest).				

Ich bin dauerhaft glücklich, wenn…	Trifft nicht zu	Trifft manchmal zu	Trifft häufig zu	Trifft voll zu
35. … ich gut schlafen kann.				
36. … sich Arbeits- und Privatleben super ergänzen.				
37. … ich meinen Glauben / meine Religion habe.				
38. … wenn es meinen Kindern gut geht.				
39. … ich dankbar bin (Schätzen was man hat…).				
40. … ich Dinge erfinden, erschaffen kann.				
41. … jede Minute des Lebens sich anfühlt wie Urlaub.				

Ich bin dauerhaft glücklich, wenn…	Trifft nicht zu	Trifft manchmal zu	Trifft häufig zu	Trifft voll zu
42. … ich reich bin (nicht explizit finanziell gemeint).				
43. … ich ein erfülltes Sexleben habe.				
44. … ich im Flow-Zustand lebe.				
45. … ich mit mir selbst im Reinen bin.				
46. … ich Mut habe – anstatt Angst… ich also ein Stehaufmännchen bin.				
47. … ich Leben schenke.				

Ich bin dauerhaft glücklich, wenn…	Trifft nicht zu	Trifft manchmal zu	Trifft häufig zu	Trifft voll zu
48. … ich hier geboren bin (in Europa).				
49. … ich meine Mitte gefunden habe.				
50. … ich die Möglichkeit habe, mich zu verändern, wenn ich das möchte				
51. … ich mein aktuelles Leben lebe (Gratuliere wenn du hier zustimmst!!!).				

Mein Dank geht an der Stelle an: Meine Mama, meinen Papa, Dr. Siegfried Tausend, Dunja Engstle, Harald Seyband, Melly Piro, Martin Folgmann, Battista und Piero Lama, Allie Kinsley, Eugen Schreiner und an meine Tochter Ceylin. Die anderen möchten lieber unbenannt bleiben.

Bitte beachte: Dies ist eine Liste, die von MEINEM geschäftlichen und persönlichen Umfeld erstellt wurde und stellt weder eine wissenschaftliche Arbeit dar noch soll diese eine solche ersetzen. Außerdem dient diese Liste zur Ideenanregung und stellt kein psychologisches Gutachten dar.

8. Das Unterbewusstsein

Es gibt keine Darstellung … nein es gibt überhaupt gar nichts, was ich in meinem Leben schon öfter erklärt habe, als diese Zeichnung hier (und immer wieder voller Begeisterung und Faszination). Die berühmte Eisbergzeichnung von Sigmund Freud, an der sich das Bewusstsein des Menschen sehr bildlich erklären lässt.

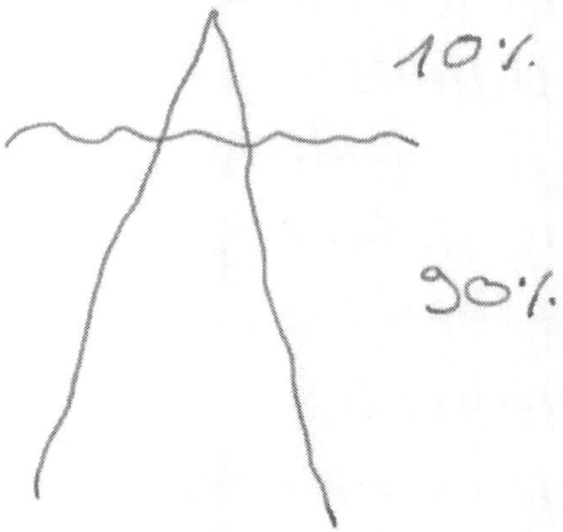

Man sagt, dass bei einem Eisberg, der im Meer schwimmt, ca. 10% der Gesamtmasse über der Wasseroberfläche zu sehen sind (was in Freuds Zeichnung unseren rationalen Verstand darstellen soll) und die restlichen 90 % der Gesamtmasse (in Freuds Zeichnung unser Unterbewusstsein) unter der Wasseroberfläche liegen.

Für mich persönlich spielt es kaum eine Rolle, ob es nun 2 % Bewusstsein und 98 % Unterbewusstsein, oder 20 % Bewusstsein und 80 % Unterbewusstsein sind. Fakt ist, dass unser Unterbewusstsein deutlich mehr Macht hat als das bewusste Denken, welches wir aktiv und selbst steuern können.

Das Unterbewusstsein hat vor allem zwei Hauptaufgaben (die für uns hier von Interesse sind):

1. Es speichert Erlebtes als Erinnerung ab.

2. Es steuert (um uns den Alltag zu erleichtern) unbewusste Programme an, die wir automatisch ausführen (Autofahren, Schwimmen, Schuhe binden, Zähne putzen usw.)

Genau dazwischen (hier symbolisiert durch die Wasseroberfläche) befindet sich unser "Kritikfilter". Dieser Teil schützt uns davor, dass Wahrgenommenes nicht einfach ungefiltert in unser Unterbewusstsein eindringen kann. Dieser Schutz ist oft wichtiger als uns klar ist, weil wir im Alltag ständig Manipulationsversuchen ausgesetzt sind, die diesen Kritikfilter überlisten sollen. Was einmal im Unterbewusstsein abgespeichert ist, wird in der Regel nicht mehr einfach so hinterfragt (gilt als Regel, z. B.: bei grüner Ampel fahre ich los).

Es gibt drei Möglichkeiten, Informationen in unser Unterbewusstsein zu transportieren:

1. Durch einen besonders emotionalen Moment bzw. **Emotion** allgemein, und zwar sowohl positive als auch negative Emotion → z. B. ein schmerzhafter Hundebiss hinterlässt eine generelle Angst vor Hunden (negativ), der Geruch von Omas Apfelstrudel löst noch Jahre später ein familiäres Geborgenheitsgefühl aus (positiv). Übrigens ist Emotion das Werkzeug der Werbung. Wenn du mal darauf achtest was in einer Werbung kommuniziert wird, dann wirst du feststellen, dass es kaum Kaufargumente sind, sondern fast immer ein Gefühl, das dir verkauft wird (Freiheit, Stärke, Männlichkeit usw.).

2. Durch (viele) **Wiederholungen** → Auto fahren – in den ersten Fahrstunden fahren wir ganz bewusst und hochkonzentriert (Schalten, blinken, Schulterblick etc.) und nach einer gewissen Zeit des Übens (also nach einigen Wiederholungen) steuern wir unser Auto derart automatisch, dass wir bewusst gar nicht mehr viel davon mitbekommen. Mit jeder Wiederholung wird eine Tätigkeit mehr zu einem Programm, das irgendwann automatisch ausgeführt wird.

3. Im **Alpha-Zustand**
Der Alpha-Zustand ist ein Zustand der leichten Trance, bei dem die Hirnfrequenz am EEG gemessen bei ca. 10 Herz liegt (muss man nicht wissen 😉). Wenn du schon mal ein Kind am Fernseher beobachtet hast, dann weißt du, was ich meine. Jeder sagt dann immer „Der/die ist ja total weg…“, aber das ist völlig falsch formuliert: Denn dieses Kind ist im Alpha-Zustand und so fokussiert bei DEM, WAS ES TUT, dass es Dinge von „außen“ einfach ausblenden kann. Wenn wir wieder lernen, diesen Zustand gezielt zu jeder Zeit an jedem Ort zu erreichen, können wir fast jeden Weg zu fast jedem Ziel, das wir haben, enorm verkürzen – aber dazu später mehr! Im Alpha-Zustand können wir unser Unterbewusstsein programmieren, können Programme verändern und neue Programme installieren – in diesem Zustand arbeite ich sehr häufig mit meinen Kunden. Im Alphazustand sind wir kreativer, aufnahmefähiger, haben Zugriff auf unser volles Potenzial und können gelerntes viel einfacher abrufen, um nur ein paar der beeindruckenden Eigenschaften dieses Zustandes zu nennen.

9. Negativprogramme im Unterbewusstsein

Dadurch, dass unbewusste Programme, wie oben bereits beschrieben, automatisch ablaufen, oft sogar, ohne dass wir irgendetwas zusteuern müssen, sollten wir uns diese Negativprogramme einmal genauer ansehen.

Ich gliedere die möglichen Negativprogramme des Unterbewusstseins in drei Arten:

1. Offensichtliche Negativprogramme

Hierbei handelt es sich um tief verankerte Programme mit offensichtlichen Auslösern. Diese Programme sind meist mit Ängsten oder Phobien verbunden. Ein Beispiel wäre eine Spinnen-Phobie – hierbei weiß die betroffene Person: „Ich habe Angst einer Spinne zu begegnen – begegne ich einer Spinne, bekomme ich Panik, selbst wenn der rationale Verstand dagegen ist und versteht, dass diese Angst nicht „nötig“ ist. Wenn ich an einem spinnensicheren Ort bin, habe ich die Angst nicht.“

Um mit einem sehr deutlichen Beispiel einmal aufzuzeigen, wie unfassbar mächtig unser Unterbewusstsein ist und welche Auswirkungen das für uns haben kann nun zur folgenden Geschichte:

An dieser Stelle erst einmal vielen Dank an die liebe Kundin, die mir die Erlaubnis erteilt hat, diese Geschichte zu veröffentlichen. Ihren Namen möchte ich aus Gründen des Persönlichkeitsschutzes trotzdem nicht nennen.

Ende 2013 klingelte mein Telefon. Eine Frau war in der Leitung und sagte mir, dass sie „nichts mehr riechen" könne – also ihr Geruchssinn einfach nicht mehr vorhanden sei – und das bereits seit zehn Jahren (!!!!!!). Ich erklärte ihr zunächst, dass ich da der falsche Ansprechpartner sei, und dass sie erst einmal zum Arzt gehen solle. Sie entgegnete, dass sie in den letzten zehn Jahren medizinisch „alles" unternommen hatte, aber nichts zum Erfolg führte. Das Problem war, dass es keine Diagnose gäbe, es ihr also körperlich nichts fehlte. Ab dem Zeitpunkt fand ich das Thema plötzlich sehr „interessant" für meine Arbeit, denn wenn es eine psychische Ursache gäbe, was ich damals zunächst selbst nicht wirklich glauben konnte – dann könnte die Hypnose vielleicht wirklich helfen, oder nicht?

Sie erzählte mir beim Vorgespräch, dass sie vor ca. zehn Jahren ihren Vater pflegte bis dieser starb und dass diese Zeit aus gewissen Gründen sehr geruchsintensiv gewesen sei.

Unser Unterbewusstsein speichert ab, was wir erleben, also machten wir im Hypnosezustand eine Zeitreise in die Zeit zurück, zu der ihr Vater krank wurde. Wir „tauschten einfach die Erinnerung aus…". So etwas funktioniert wirklich. Ich könnte tagelang unglaubliche aber wahre Geschichten erzählen, alleine darüber, was ich mit dieser Hypnosetechnik bereits alles erlebt habe. Wir sprachen alles vorher ab und sie stellte sich im Hypnosezustand vor, dass sie einfach VOR dieser Zeit den Geruchssinn als „Schutz" abgelegt hatte und ihn danach wiederbekam. Eine Woche später stand diese liebe Frau in meinem Büro (diesen Anblick werde ich NIE vergessen!!!), mit Freudentränen in den Augen und erklärte mir, dass sie nach zehn Jahren das erste Mal wieder über den Weihnachtsmarkt lief und gebrannte Mandeln roch. Unglaublich, was hier alles möglich ist, oder?

Das Unterbewusstsein hatte (zu ihrem Schutz) einfach den Geruchssinn „abgeschaltet" – was im Übrigen zugleich bedeutet, dass der Geschmackssinn ebenfalls enorm abnehmen kann. Das Unterbewusstsein meint es uns nach meiner Erfahrung niemals „böse". Es gibt nur oft ein

Kommunikationsproblem – so wie in vielen Beziehungen 😉. Du führst also eine Art Beziehung mit deinem Unterbewusstsein. Du weißt, was zu tun ist: finde die Missverständnisse heraus.

2. Ungewollt programmierte Neuronenverbindungen

Hier hat unser Unterbewusstsein abgespeichert, dass eine bestimmte Handlung zu einem erwünschten Gefühl führt. So kann zum Beispiel ein Raucher durchaus entspannt sein, wenn er eine Zigarette raucht, OBWOHL nachweislich Stoffe in der Zigarette sind, die den Körper stressen sollen. Da sieht man mal, wozu das Unterbewusstsein in der Lage ist. Allein durch die Überzeugung bzw. den Glauben daran, dass es entspannen würde, wenn man raucht, können Stoffe, die den Körper stressen, zur Entspannung führen. Der Grundgedanke des Rauchens, also des immer wieder Pausemachens, ist gar nicht verkehrt, nur geht das auch ohne Zigarette. Ich beweise diese Aussage immer wieder in meinen Seminaren. Ich löse meinen programmierten „Anker“ aus, indem ich zwei hierfür programmierte Finger zusammendrücke. Hierbei erlebe ich solch einen plötzlichen Entspannungsimpuls, dass sich messbar innerhalb von 2-3 Sekunden mein Pulsschlag um fast 20 Schläge reduziert. Das funktioniert aber nur deshalb, weil ich gezielt eine Neuronenverbindung programmiert habe, die ich in der Selbsthypnose immer und immer wieder verankere.

3. **Negative Glaubenssätze**

Diese Programme sind besonders deshalb so gemein, weil man meist gar nicht weiß, dass man diese Programme „hat", die gleichwohl unsere Wahrnehmung sehr stark beeinflussen. Deshalb schadet es sicher nicht, wenn man immer wieder seine eigenen Programme dieser Art „sucht".

Kennst du Wahrnehmungsfilter oder auch kognitive Verzerrungen? Hast du es schon mal erlebt, dass:

… du einen Kinderwunsch hast und plötzlich scheinbar doppelt so viele Frauen mit Kinderwägen durch die Stadt fahren?

… du dir ein bestimmtes Auto kaufen willst, und plötzlich scheinbar jeder 10te dieses Auto fährt?

… du denkst, du hast ausschließlich schlecht gelaunte Kollegen/Mitarbeiter, und plötzlich zieht scheinbar jeder Kollege ein Gesicht bis zum Boden?

Das sind Wahrnehmungsfilter. Unser Unterbewusstsein filtert uns immer das heraus, was uns gerade wichtig ist. Jeder nimmt die Welt anders wahr, und zwar nach seinen Wahrnehmungsfiltern. Wenn wir negative Wahrnehmungsfilter haben, wie zum Beispiel: „…ich kann zwar einiges, aber nichts richtig gut…", oder „ich bin nicht kreativ", oder „erst die Arbeit, dann das Vergnügen (warum darf die Arbeit nicht das Vergnügen sein?), oder aber „ich bin schlecht in Mathe", dann können uns diese Wahrnehmungsfilter das Leben wirklich schwer machen.

Ja, du hast richtig gelesen, „schlecht in Mathe"… Dies kann auch ein negativer Wahrnehmungsfilter sein. Natürlich gibt es Menschen, die nicht sonderlich gut mit Zahlen umgehen können. Aber es kann auch sein, dass ein Kind in der Schule sitzt, sein Lehrer vielleicht einen schlechten Tag hat, dem Kind über die Schulter sieht und sagt „Ach du liebe Zeit – du hast von Mathe gar nichts verstanden, oder?!". Dann nimmt dieses Kind die Aussage vielleicht zunächst nur wahr… Aber irgendwann macht besagtes Kind seine Mathehausaufgaben und schafft es nicht, diese zu lösen (der Satz „blinkt wieder auf")… und so geht das noch ein paar Mal und dann beginnt das Kind zu glauben, es sei schlecht in Mathe – dies führt dazu, dass es Mathe meidet und das wiederum dazu, dass es wirklich schlecht in Mathe wird. Und 30 Jahre später sitzt er immer noch am Schreibtisch und tippt einfachste Addieraufgaben in den Taschenrechner ein, weil er diesen „mentalen Trojaner" nie herausgefunden, geschweige denn umprogrammiert hat.

Es ist unglaublich wichtig für die Persönlichkeitsentwicklung, immer und immer wieder seine negativen Wahrnehmungsfilter herauszufinden und umzuprogrammieren.

Beschäftige dich unbedingt mit deinen mentalen Trojanern! Ich halte ganze Seminare dazu oder Einzelsitzungen über mehrere Stunden. Dies ist ein sehr wichtiges Thema der Persönlichkeitsentwicklung, welches aber, so denke ich zu komplex ist, als dass man es einfach nur über ein Buch lösen sollte, falls man noch nie damit gearbeitet hat. Kontaktiere uns gerne, wenn du Fragen hast. Beantworte nun einfach mal ganz spontan aus dem Bauch heraus, wie denkst du über:

Geld:

____

____

____

____

____

Liebe:

____

____

____

____

____

Arbeit:

Arbeitszeiten:

Glück:

Und wenn dir dabei auffällt, dass es negative Formulierungen oder Denkweisen sind, dann hast du sehr wahrscheinlich Wahrnehmungsfilter in diesem Bereich. Dann überzeuge dich vom Gegenteil und ändere den Glaubenssatz 😉.

Z. B. Geld: „Millionäre sind auch nicht glücklicher als Normalverdiener" – das ist ein Geldverdien-Verhinderungsprogramm. Vielleicht gibt es tatsächlich einige Millionäre, die nicht glücklicher sind, aber längst nicht alle. Warum sollten Millionäre die gleichzeitig so wie du, aktiv Persönlichkeitsentwicklung betreiben und zudem Menschen sind, die echte Werte (Loyalität, Ehrlichkeit, Gerechtigkeit usw.) besitzen sind nicht glücklich sein?

Also los geht's, ändere deine Programme ins Positive:

Geld:

Liebe:

Arbeit:

Arbeitszeiten:

Glück:

Na also, und wieder sind wir einen Schritt weiter! 😉

10. Befreien von Negativprogrammen im Unterbewusstsein

Nun wissen wir also, dass es drei Arten von Negativprogrammen im Unterbewusstsein gibt. Was machen wir jetzt mit diesem Wissen? Wie befreien wir uns von solchen Programmen?

Wenn du unter einem der Negativprogramme von Punkt 1 (siehe oben) „leidest“, dann empfehle ich dir an dieser Stelle, dass du dir (zumindest zusätzlich) Hilfe von „Außen“ holst. Mit Ängsten und Phobien ist nicht zu spaßen, hier kann ein Profi aber wirklich teilweise sehr schnell helfen.

Wenn du Neuronenverbindungen entdeckt hast, die dir das Leben schwer machen wollen (siehe oben Punkt 2), dann lebst du um einiges „leichter“, wenn du diese änderst. Das funktioniert beispielsweise mit Hypnose meist sehr schnell oder durch aktive Arbeit mit dem Unterbewusstsein. Für beides muss man sich Zeit nehmen. Das lohnt sich aber im Regelfall: Denn erkennen und umprogrammieren von ungewollten Neuronenverbindungen kann das Leben bzw. die persönliche Wahrnehmung davon deutlich verschönern.

Du reflektierst dich ständig, du analysierst, du beobachtest dich in den nächsten Tagen. Wir fangen gleich damit an. Jetzt ist wieder die Zeit gekommen, wo du dieses Buch vielleicht mal ein paar Tag zum Arbeiten und nicht zum Weiterlesen verwendest. Neuronenverbindungen sind, wie wir oben ja bereits besprochen haben, feste Glaubensmuster. Hierzu zählt es z. B., wenn du übergewichtig bist oder rauchst, aber auch, wenn du bestimmte Handlungen ausführen MUSST, um bestimmte Gefühle zu erreichen, dich diese Handlungen aber nerven (Beispiel: „ich muss, auch wenn ich verletzt bin, weiter meinen Sport machen, sonst fühle ich mich wie ein Versager).

Welche negativen Neuronenverbindungen habe ich bei mir entdeckt:

Handlung (z. B. Rauchen):

____

____

____

____

Gefühl (z.B. Entspannung beim Rauchen):

____

____

____

____

____

Noch weitere?

Handlung:

Gefühl:

Noch weitere? 😉

Handlung:

Gefühl:

Okay, wir belassen es einfach mal bei drei Beispielen. Ich an deiner Stelle würde ein Thema nach dem anderen angehen, der Wichtigkeit nach sortiert. Also welches Thema bzw. welche Neuronenverbindung stört dich momentan am meisten und wird deshalb aktuell zur wichtigsten?

____

____

Und jetzt frag dich, welcher Glaube steckt dahinter? Fangen wir erst einmal an, mit der Frage, wie ist diese Neuronenverbindung entstanden? Durch Emotion oder durch viele Wiederholungen oder steckt vielleicht sogar beides zusammen dahinter? Wenn es einen einzigen emotionalen Auslöser gab, welcher war das? Ich habe von einigen meiner Kunden gehört, dass sie bereits lange unter ihren Programmen leiden, aber da sie den Auslöser/ Ursprung des Programms nicht kennen, können sie leider nichts machen – ich kann dich beruhigen – DAS STIMMT NICHT. Ich habe schon mehrere hundert Hypnosesitzungen gehabt, bei denen wir keinen Auslöser kannten. Ein erfahrener Hypnotiseur schafft es entweder, dass die Erinnerung im Hypnosezustand hochkommt, oder er braucht gar keinen Auslöser, sondern kann das Programm auch neu schreiben, ohne das alte zu löschen (macht man ja mit Updates am PC und Handy auch so, oder?).

Wenn die Neuronenverbindung durch Wiederholungen (auch in Kombination mit Emotion) entstanden ist, wie kam es dazu? Wie kannst du dieses Glaubensmuster im Alltag unterbrechen? Wichtig hierbei ist, Programme laufen so automatisch ab, dass wir sie meist gar nicht erst bemerken, oder aber erst dann, wenn es bereits zu spät ist.

Überleg dir bitte jetzt, wie du zukünftig daran erinnert wirst, dass ein bestimmtes unerwünschtes Programm (was du vielleicht im Buch bereits rausgefunden hast) vermutlich gleich ablaufen wird. Also wenn du beispielsweise immer, sobald du nach Hause kommst, direkt zum Kühlschrank läufst, dann klebe dir doch einfach einen Smiley an die Kühlschranktüre oder irgendeine Erinnerung, die du zwangsläufig VOR der Situation wahrnimmst.

Welche Erinnerung kann ich mir „basteln“?

____

____

____

____

____

Wenn du regelmäßig zu spät kommst, mach dir eine Erinnerung, indem du beispielsweise durch dein Handy rechtzeitig erinnert wirst, oder arbeite mit einem

Zeitplan für den ganzen Tag: Was auch immer du tust, unterbrich unbedingt das AUTOMATISCHE Ablaufen des Programms. Und frag dich gleichzeitig, was löst dieses Gefühl in dir aus (das kannst du oben bei „Gefühl“ jetzt ablesen)? Gibt es noch etwas, das schnell funktioniert und das dieses Gefühl in dir auslöst? Also wenn du beim Rauchen entspannt bist, löst vielleicht auch ein Glas Wasser auf der Terrasse ein ähnliches Gefühl aus? Ich wollte 2013 einmal am späten Abend um 22:00 Uhr noch einen kompletten 300g Ofenkäse mit Baguette für mich backen. Ich fragte mich in dem Moment, ob ich wohl wirklich Hunger habe, und merkte sofort, dass es sich um Appetit und nicht um Hunger handelte. Ich fragte mich weiter, welches Gefühl wohl dadurch ausgelöst wird, und kam auf absolute Zufriedenheit… Dann fragte ich mich, was könnte denn jetzt sonst diese ABSOLUTE Zufriedenheit in mir auslösen? Es war gar nicht so einfach…

Und dann kam ich, nach etwas Überlegen und Reflektieren darauf, dass ich dasselbe Gefühl immer spürte, wenn mein Geschäft so gut lief, dass ich eine doppelte Kreditrate (Ausbildungskosten usw.) zurückzahlen konnte. Ich saß damals also noch um 22:15 Uhr am Laptop, habe meine Betriebszahlen kontrolliert und spät am Abend einfach spontan eine zusätzliche Kreditrate in diesem Monat bezahlt. Anschließend ging ich zufrieden ins Bett. Manchmal muss man schon ein bisschen überlegen, um drauf zu kommen…

Also, was löst DEIN Gefühl noch in dir aus? Wie kannst du deine Neuronenverbindung umgehen und dasselbe Gefühl anders aber genau so einfach erreichen?

____

____

____

____

____

(Bitte versteh meine Geschichte oben richtig, ich konnte deshalb nicht jeden Abend eine Kreditrate bezahlen, aber ich sehnte mich auch nicht jeden Abend nach einem 300g Ofenkäse 😉)

Okay, und mit diesem Wissen heißt es jetzt – Umsetzen!!!!!!!!!!!!!!

Und jetzt ist es wichtig, dass du die Messlatte für „stolz sein“ ganz niedrig ansetzt. Unser Unterbewusstsein springt ganz stark auf das Belohnungssystem an (wie einen Hund stell ich mir das immer vor). Je öfter du stolz auf dich bist, desto wohler fühlt sich dein Unterbewusstsein nun in diesem neuen Programm. Bestrafung jedoch ist umso schlimmer für diesen „Hund“ in uns… also „hass“ dich nicht gleich, wenn du immer noch beispielsweise jeden zweiten Tag zum Kühlschrank gehst (oder auch an zwei von drei Tagen) – sei einfach nur jedes Mal, wenn du merkst, du kommst mit deiner neuen Version weiter, oder tauschst auch nur ein einziges Mal dein gewohntes

Programm in ein Neues, unglaublich stolz auf dich. Ich sage in meinen Seminaren immer „stell dir einfach das kleine Hündchen in dir vor" und je mehr sein Schwänzchen wedelt (je mehr Lob), desto eher will der Hund wieder und wieder sein „Kunststückchen" vorführen. Seit stolz… Immer und immer wieder – flippe völlig aus vor Stolz – und ja du darfst dabei auch lachen, aber meine es trotzdem ernst.

Wenn du dich genauer mit Negativprogramm Nr. 3 beschäftigen willst, also den negativen Glaubenssätzen, dann komm zu mir in die Einzelsitzung oder ins Seminar 😉.

Nein im Ernst, es ist wirklich sinnvoll, sich allein dafür mal einen Trainer zu nehmen, auch ich gönne mir mindestens zweimal im Jahr einen Trainer, der meine Programme mit mir gemeinsam erkennt – eine Art zweite Meinung–, damit ich neue Erkenntnisse mache, Anregungen bekomme oder auf Programme in mir aufmerksam werde, die mir gar nicht bewusst waren. Es gibt mit Sicherheit auch gute Bücher oder Arbeiten darüber, aber das würde hier den Rahmen sprengen. Finde deine negativen Wahrnehmungsfilter mindestens zweimal pro Jahr heraus und programmiere sie um. Hierzu gibt es geniale Möglichkeiten und Techniken, die direkt im Unterbewusstsein ansetzen. Mir persönlich ist keine Technik bekannt, die so effizient und nachhaltig wirkt wie die Hypnose/Selbsthypnose – und nach weit über 2.000 Einzelsitzungen vergeht bis heute kaum ein Tag, an dem ich keine Gänsehaut bekomme, weil mich immer und immer wieder davon überrascht bin, was diese geniale Methode alles ermöglicht.

Wann sind DEINE persönlichen zwei Termine in den nächsten zwölf Monaten, an denen du dir einen ganzen Tag für deine negativen Wahrnehmungsfilter und das Umprogrammieren Zeit nimmst?

____

und

____

Und sofort in den Kalender eintragen!

Doch, tu es!

Wirklich! 😉

11. Entspannung

Was meiner Meinung nach unbedingt zu dauerhaftem Glück gehört, das sind regelmäßige tägliche Entspannungsmomente. Ich kenne auch Menschen, die dauerhaft unter Strom stehen und glücklich sind. Aber die Frage ist immer, wie lange hält das unsere Gesundheit aus. Und außerdem geht's in diesem Buch nicht darum, glücklich zu sein…

sondern darum, der glücklichste Mensch der Welt zu sein!

Wir alle wissen doch oder haben zumindest schon mal gehört, dass Stress nicht gesund ist… aber was genau bedeutet das? Was genau ist Stress eigentlich?

Stress ist auch wieder eines dieser Gefühle, das zwischen unseren Synapsen entsteht – nämlich ein stressiges Gefühl 😉. Hier wird beispielsweise Adrenalin ausgeschüttet, sodass ein Modus entsteht, der unser Leben retten kann. Gehen wir mal zeitlich betrachtet etwas „zurück"… Stell dir vor, du kommst aus (d)einer Steinzeithöhle und ein Säbelzahntiger steht vor dir… blöde Situation… wenn du jetzt anfangen würdest zu überlegen, wie groß oder gefährlich dieser

Tiger wirklich ist, ob du lieber zurück gehen oder lieber still sein solltest… dann wärst du wahrscheinlich schon tot. Deshalb hat sich die Natur hier etwas ganz Besonderes überlegt. Unser Unterbewusstsein speichert alles, was wir erleben, als Erinnerung ab und zu jeder Erinnerung gibt es meist ein Gefühl – hier entsteht ein unfassbar großer Pool an Lebenserfahrung, je nach Alter natürlich. Im „Stress“ blockiert das Adrenalin unsere Denkvorgänge und wir handeln blitzschnell nach unserer Lebenserfahrung. Diese Reaktion ist ursprünglich dazu gedacht, um blitzschnell zu entscheiden: kämpfen oder fliehen?

Währenddessen bereitet sich unser Körper bereits darauf vor, gleich zu kämpfen oder wegzurennen. Puls und Blutdruck steigen meist an – man steht förmlich unter Strom UND, wie oben beschrieben, sind unsere Denkvorgänge blockiert. Es gibt tatsächlich immer noch Leute, die denken, im Stress wären sie schneller. Überleg mal, wie viel Zeit es dich schon gekostet hat, Dinge wieder „auszubügeln“, nur weil du gestresst gehandelt hast (einen Weg nochmal fahren, den verschütteten Kaffee wieder aufwischen, einen ganzen Papierstapel neu sortieren… und vieles mehr… 😉).

Ist Stress also etwas Natürliches? Ja! Stress ist definitiv natürlich. Aber eben „nur“ in lebensbedrohlichen Situationen – und da gehört er auch hin! In fast jeder anderen, nicht lebensbedrohlichen Situation (siehe „Eustress“ am Ende des Kapitels) ist Stress etwas, das nur Nachteile mit sich bringt. Erstens sind, wie oben beschrieben, unsere Denkvorgänge blockiert, wir können also nicht so gut denken, wie im Entspannungsmodus. Zweitens sollte dieses Adrenalin irgendwann wieder abgebaut werden (es geht nicht ausschließlich um Adrenalin, aber das ist ein Buch über Glück und keine medizinische Arbeit, es soll lediglich dem groben Verständnis dienen). Und in der Natur würde es abgebaut werden, in dem man kämpft oder rennt. Es wird also körperlich abgebaut, dieses Adrenalin… und damit haben alle, die ständig unter Strom stehen und keiner harten körperlichen Arbeit nachgehen und zugleich wenig bis keinen Sport treiben ein Problem. Meist leidet dann irgendwann die Gesundheit darunter, denn ständig hohen Blutdruck oder Puls zu haben, ständig unter Strom zu stehen, ohne das Adrenalin abzubauen, das ist nicht natürlich. Entweder leidet dann der Schlaf darunter oder man fängt nachts an den Kiefer so zusammenzubeißen, dass es tagsüber zu Schmerzen führt, oder man hat Muskelschmerzen und wie viele von uns, ernste Herz-Kreislauferkrankungen bis hin zum Herzinfarkt.

Überleg dir mal ernsthaft, wie oft am Tag bis du durchschnittlich gestresst?

____

Welche Tätigkeiten oder Tatsachen sind es, die dich stressen?

Hier ist wieder wichtig zu wissen, dass hinter fast jedem Gefühl ein bestimmtes Glaubensmuster steckt. Im Klartext bedeutet das, dass diese Dinge für dich nur deshalb stressig sind, weil du glaubst, sie müssten es sein. Stell dir mal vor, du bist als junger Auszubildender bei einer Firma angestellt und dein Chef, ein großer, kräftiger Mann, steht vor dir und schreit dich an „mach schneller du Faultier" – jetzt glaubst du (deine tief verankerten Glaubensmuster), du müsstest gestresst sein – und deshalb stresst du dich. Du kannst jedes Glaubensmuster ändern, vergiss das nicht! Hierbei handelt es sich natürlich um ein Extrembeispiel, aber genauer betrachtet macht es klar, dass es wirklich so ist.

Mir hat diese Glaubensmustererkennung und somit zwischen Glauben, Emotion und Handlung eingreifen zu können, mal ganz schön den Tag „gerettet". Ich war mit meiner Familie beim Baden in einer großen Therme. Wir waren bereits einen Tag vorher angereist und hatten in einem kleinen Hotel übernachtet. Weil die Therme nur ca. 500 Meter Luftlinie entfernt lag, frühstückten wir dort noch, wobei meine Frau und ich spontan einen Prosecco tranken.

Als wir in der Therme waren, gingen unsere Tochter Ceylin und ihre Schwester Alina irgendwann voraus ins Bad, meine Frau ging in die Umkleidekabine und ich duschen. Als ich aus der Dusche kam, hörte ich sie schreien – wir hatten kurz Blickkontakt und sie schrie lauthals, dass ich schnell kommen solle – dann rannte sie einfach los… und ich so schnell ich konnte hinterher. Ich wusste nicht, was los ist und rannte einfach weiter hinter ihr her. Ich rief ihr noch nach, sie solle mir bitte dringend sagen, was los sei, aber sie rannte einfach weiter. Unsere Tochter hatte schon öfters Asthmaanfälle, bei denen sie einen Notarzt brauchte – ich rechnete also mit allem.

Plötzlich standen wir vor einem Mitarbeiter der Therme. Meine Frau sah mich an und rief „der lag gerade unter der Tür meiner Umkleidekabine –absichtlich – und ist ein Spanner“. Ich merkte richtig, wie mein ganzer Körper heiß wurde und sich darauf vorbereitete, ALLES zu tun, um meine Familie zu verteidigen – in solchen Fällen verstehe ich keinen Spaß. Ich bekam nur noch am Rande mit, dass sie sagte, sie sei schon fertig umgezogen gewesen, als er „spannen“ wollte. Ich merkte, wie ich ihn mit meinem Blick fixierte und auf ihn zu lief. Hinterher hat mir meine Frau gesagt, dass man in diesem Moment meine beiden „Halsschlagadern" pochen sah.... Im letzten Moment konnte ich das Glaubensmuster hinterfragen... blitzschnell fiel mir ein, dass der Tag komplett gelaufen wäre, die Polizei würde kommen, die Kinder wären traurig... Aber viel schlimmer noch: ich wusste in dem Moment nicht, ob es Zeugen gab die den „Spanner" ebenfalls sahen - und zudem fiel mir dann noch der Prosecco ein... Was, wenn am Ende dann alles so hingestellt werden würde, als hätten zwei „Alkoholisierte" eine Geschichte erfunden, sodass der Mann seine gerechte Strafe nicht bekommt? Ich hielt ihn fest und bat meine Frau, die Geschäftsleitung zu holen. Während meine Frau sich auf den Weg machte, habe ich eine hypnotische Sprache angewendet und ihm ins Gewissen geredet (was ihn – wie ich denke – noch sehr lange beschäftigen wird 😉). Schließlich wurde er per Security aus der Therme begleitet. Seinen Job dort verlor er auch. Für meine Familie ging es jedenfalls deutlich besser aus, als wenn ich nach meinen Glaubensmustern gehandelt hätte.

Ich war an diesem Tag besonders stolz, weil es sich nicht um eine Alltagssituation handelte. Mich bringt wirklich fast gar nichts aus der Ruhe und ich bleibe selbst in (für andere) stressigsten Situationen die Ruhe selbst – aber wenn die Familie bedroht wird (und ich persönlich erlebe sowas nicht gerade täglich...) – dann hört der Spaß auf. Mein Eingreifen in Glaubensmuster hat also echt unseren Tag „gerettet" (wenn man das überhaupt sagen kann, nach so einer Situation).

Nimm dir jetzt etwas Zeit und überlege dir einfach zu einer der oben notierten Tätigkeiten (inkl. Glaubensmuster), die dich stressen, wie du die Glaubensmuster dazu änderst:

Tätigkeit:

____

____

Glaube:

____

____

____

____

____

Wie änderst du diesen Glauben:

____

____

____

____

____

Wann änderst du diesen Glauben:

____

____

____

____

____

Da sollte jetzt natürlich „sofort“ stehen 😉. Und ganz wichtig ist noch,: wenn es sich um ein Alltagsprogramm handelt: Wie erinnerst du dich daran, bevor die Situation entstehen kann (also zum Beispiel der Smiley-Aufkleber an der Haustüre, wenn du immer direkt beim „Heimkommen“ zum Kühlschrank läufst und etwas zum Essen suchst)?

Und jetzt, ein Glaubensmuster nach dem anderen: Einfach ändern, manchmal dauert es ein bisschen aber denk immer daran, wie lange dieses Programm schon existiert, also ist jede „neue“ Reaktion doch schon ein Fortschritt. Sei nicht zu streng mit dir und leg die Messlatte niedrig – sei stolz auf dich so oft du kannst – denk an das Hundeschwänzchen … … und wie es wedelt. 😉

Eustress (auch positiver Stress genannt)

Grundsätzlich unterscheidet man zwei Arten von Stress: Den negativen Stress (wie oben beschrieben), und den positiven, sogenannten Eustress. Der positive Stress unterscheidet sich in zwei Hauptmerkmalen vom negativen. Erstens wird er nicht als negativer Stress empfunden und macht meistens sogar Spaß oder ist mit hoher Motivation verbunden. Und zweitens ist positiver Stress irgendwann mal VORBEI – es tritt also eine Pause ein. Beim positiven Stress kommt zusätzlich zum Hormon Adrenalin noch der Neurotransmitter Dopamin mit ins Spiel, welcher für die „Zielgeraden-Motivation“ sorgt. Wer kennt es nicht, die letzten Meter vor der Ziellinie, man blendet die Schmerzen aus, gibt nochmal alles was man kann und dann: Ziel erreicht.

Und jetzt kommt das Entscheidende. Das Adrenalin wird abgebaut und der Neurotransmitter Serotonin wird ausgeschüttet. Ein Glücksgefühl, Wohlgefühl, und ein Gefühl der Entspannung entsteht. Hier werden nicht nur die Akkus geladen, sondern diese Art von Stress kann sich sogar positiv auf die Gesundheit auswirken. Dieses Gefühl kennt man, wenn man beispielsweise nach der Sauna und einer kalten Dusche oder dem Sport auf einer Liege oder einer Couch liegt.

So eine Art von Stress kann auch entstehen, wenn man seine Arbeit liebt und ein „stressiges“ Projekt beendet (und nicht gleich mit dem nächsten beginnt) und im Idealfall noch Sport dazu macht.

Bei welchen Tätigkeiten hast du positiven Stress?

____

____

____

____

____

Lädst du danach deine Akkus? Wenn ja, wie?

Wenn nicht, wie machst du es in Zukunft?

Und wie erinnerst du dich daran?

Na also, wieder einen Schritt weiter! 😉

Auch an dieser Stelle ist wieder wichtig zu wissen, dass der oben genannte negative Stress nur als solcher „gelebt“ wird, weil wir glauben, es müsse so sein. Vielleicht gibt es ja ein paar deiner negativen „Stress-Tätigkeiten“, bei denen du denkst, du kannst sie nicht ändern. Möglicherweise kannst du dich ja irgendwie doch dafür faszinieren und sie dadurch zu positivem Stress „umbauen“.

Welche deiner „Stress-Tätigkeiten“, von denen du glaubst, dass du sie nicht entspannt angehen kannst, kannst du „immerhin“ in positiven Stress umformen?

Wie machst du das? Welches Glaubensmuster musst du ändern oder wie erzeugst du Faszination in dir selbst, um aus Stress nun Eustress zu machen?

Und wie erinnerst du dich daran?

Und was muss dabei so oft wedeln, wie es nur geht?_

____ 😉

Richtig, das Hundeschwänzchen 😊! Und schon wieder sind wir einen Schritt weiter auf dem Weg zum glücklichsten Menschen der Welt!

12. Selbstwert und Selbstvertrauen

Diese beiden Begriffe spielen eine solch wichtige Rolle, dass ich sogar behaupte, dass 99% meiner Kunden in Einzelsitzungen – zusätzlich zu dem „Problem“, aufgrund dessen sie mich eigentlich aufsuchen – ein Selbstwert- oder ein Selbstvertrauensproblem haben.

Selbstwertgefühl ist unser Benzin, das uns antreibt… für fast alles, was wir tun. Man kann sich kaum vorstellen, was alles mit unserem Selbstwertgefühl zusammenhängt. Sogar wenn wir einer bedürftigen Person über die Straße helfen, machen wir das genauer betrachtet für unser Selbstwertgefühl. Ja, wirklich – es entsteht das Gefühl „ich bin ein guter Mensch, ich habe geholfen“.

Wenn man sich mit sich selbst auseinandersetzt und gegen ein unbewusstes Programm mit „Symptom-Kämpfen“ (Zigaretten einfach weglassen, auf Schokolade verzichten usw.) alles Mögliche versucht und immer wieder scheitert, bekommt man oft zusätzlich ein Selbstwert-Problem. Damit meine ich, dass man immer nur beispielsweise ein Verlangen (Zigarette rauchen) unterdrücken will, aber nie das Programm hinterfragt und versteht.

So saß ich zum Beispiel mit 19 Jahren (und damals schon knapp 120 kg) beim Arzt und stellte ihm eine Frage, die mich unglaublich beschäftigte. Dieser Arzt war schon über 50 Jahre alt und hatte bis dahin mein volles Vertrauen. Ich fragte ihn, warum ich nicht mit dem Essen aufhören könne. Ich sagte, dass ich von mir selbst glaube, nicht dumm zu sein und ich weiß zum Beispiel, dass eine Herdplatte heiß ist, also fasse ich sie nicht an – aber warum kann ich nicht aufhören zu essen, obwohl ich doch weiß, dass ich immer noch dicker davon werde. Ich sah in seinen Augen komplettes Unverständnis, ja wahrscheinlich hatte er sich selbst diese Frage noch nie gestellt, aber ich wusste: Ich muss selbst rausfinden, warum das so ist – oder ich muss doch noch an meiner Intelligenz zweifeln… Ich habe es zum Glück herausgefunden: Auch dahinter stecken Programme.

Was ich damit sagen möchte ist: Viele Menschen machen sich nicht die Mühe, jahrelang nachzuforschen, zu beobachten, Theorien aufzustellen, diese zu prüfen usw.

Man kommt irgendwann an dem Punkt an, an dem man sich denkt: „Bin ich eigentlich doof? Ich weiß doch, dass es mir schadet, dass alle Alarmglocken bereits läuten… Aber ich kann einfach nicht aufhören, eine bestimmte Gewohnheit auszuführen“ (Rauchen, Ess-Sucht usw.). Das ist ein Denkfehler, denn man ist nicht doof, man unterliegt „nur“ den Gesetzen der Psychologie.

Erstens ist das Unterbewusstsein viel mächtiger als unsere Willenskraft. Allein deshalb werden die meisten Leute irgendwann rückfällig (rauchen, Süßigkeiten,…).

Zweitens kann das Unterbewusstsein keine rationalen Gedanken erfassen, sondern ausschließlich Bilder und Gefühle (das Unterbewusstsein versteht nicht dass uns das Rauchen schadet, es löst doch nur ein schönes Gefühl in uns aus). Und

Drittens kann man genau deshalb einfach nicht durch „Weglassen" oder „Versuchen" unser mächtiges Unterbewusstsein bekämpfen (daher auch der Jo-Jo-Effekt), man muss das Unterbewusstsein überzeugen 😉 (dazu später mehr).

Das nächste „Problem" beim Selbstwertgefühl ist, dass wir ständig mit unserer Umwelt kommunizieren. Wir kommunizieren dabei nur einen winzigen Prozentsatz über unsere Worte, die wir sprechen, schon etwas mehr über unsere Stimme (Stimmlage) und weit über 50% über unsere Körpersprache. Und Letztere wird größtenteils UNBEWUSST gesteuert und kann nicht lügen. Wer also ein Selbstwertproblem hat, der teilt dies ständig seinem Umfeld mit, auch wenn er dies nicht möchte – und dementsprechend wird er meistens auch behandelt. Wer eine richtige „Selbstwert-Tragödie" hat, der schreit quasi körpersprachlich ständig „Bitte alle auf mich – ich wehre mich eh nicht". Du kannst noch so viele Bücher über Körpersprache lesen und noch so viele Seminare besuchen, körpersprachliche Manipulationstechniken erlernen und und und…. Wenn dein Selbstwertgefühl einen „Kratzer“ hat, dann bekommt deine Umwelt das mit und wird dich entsprechend wahrnehmen und behandeln.

Zudem kommt hinzu, dass, jemand mit einem Selbstwertproblem auch fast immer ein Selbstvertrauensproblem hat → sich also selbst nicht vertraut → sich also seine neuen Vorsätze selbst schon nicht glaubt → zweifelt → sich wünscht, anstatt zu entscheiden → schon scheitert, bevor er in die nächste „Runde“ startet.

Stell dir an dieser Stelle bitte einmal folgende Frage, die du absolut ehrlich beantworten solltest: Sind durch dein Negativprogramm/deine Negativprogramme, die du bereits herausgefunden hast, Selbstwertprobleme entstanden… ja oder nein?

____

____

So, dann werde diese Selbstwertzweifel auf der Stelle los, denn die schaden dir nur. Gehörst du auch zu der Sorte Mensch, die denkt, wenn ein Zweifel mal eine gewisse Zeit lang präsent ist, dauert es automatisch genauso lange, um ihn wieder loszuwerden…. Gute Nachrichten: das stimmt nicht! Wir haben doch gerade gemeinsam herausgefunden, dass diese Zweifel zwar da sind, aber wenn man etwas genauer hinsieht, ohne Daseinsberechtigung – weil wir alle den Gesetzen der

Psychologie unterliegen und unser Unterbewusstsein nun mal nicht rational denken, geschweige denn hinterfragen kann.

Und jetzt kommt eine tolle Übung/Methode, dein Selbstwertgefühl wirklich zu stärken. Es wird einige Leser geben, die trotz all der Hinweise, wirklich aktiv mit dem Buch zu arbeiten – nur Lesen – und deshalb mit dem Inhalt dieses Buches nicht viel anfangen können. Aber selbst, wenn du einer von denen bist 😉, dann mach folgende Übung mit, das bringt dir immer und immer wieder ein Lächeln und einen Selbstwertschub – wirklich!

Schreib dir in den folgenden Zeilen selbst einen Brief, der mit „Liebe/r (dein Name) ich mag dich, weil du …, …, …, und schreib dabei mindestens 5 bis 10 Punkte auf.

Also beispielsweise:

Liebe Alina ich mag dich, weil du

- ehrlich bist;
- unglaublich loyal bist;
- ganz klar deinen Weg gehst und nie den Fokus verlierst;
- ein guter Mensch bist;
- mit deinem ehrlichen Lachen anderen Menschen auch ein Lachen ins Gesicht zaubern kannst;
- sehr konsequent und fleißig bist;
- usw. …

Also, hier kommt dein persönlicher Brief an dich. Mach das jetzt wirklich! Damit ist die Übung zwar noch nicht vorbei, aber dieser Teil ist wichtig, damit du den zweiten Teil überhaupt erst „erleben“ kannst:

__________________________________ ich mag dich, weil …

____

____

____

____

____

____

____

____

____

____

____

____

____

____

____

____

____

____

____

____

____

____

____

Nimm nun dein Handy oder deinen Laptop und mache von dir selbst eine Tonaufnahme. Ich habe dazu auf meinem Handy eine App namens „Diktiergerät“, mit der ich Tonaufnahmen machen kann, ohne sie gleich an jemand anderen zu senden. Nimm dir deinen Brief an dich selbst auf und speichere die Tonaufnahme. Und jetzt höre sie an so oft du möchtest, mindestens jedoch jeden Morgen und jeden Abend. Auch vor wichtigen Terminen, Telefonaten, Vorstellungsgesprächen und allen Situationen, wenn es einfach mal schön ist. Denk dran, deine Körpersprache passt sich deinem Selbstwertgefühl an, wann willst du richtig selbstbewusst sein (In bestimmten Situationen, vor bestimmten Personen… usw.)?

Nein, „IMMER“ sollte da jetzt stehen! Also hör es dir an, so oft du kannst/willst, abervielleicht nicht gerade laut im Wartezimmer vor deinem Vorstellungsgespräch, während die Empfangsdame zuhört 😉: Aber höre es dir an, bevor du die Firma betrittst, bei der du dein Vorstellungsgespräch hast (oder du bereits angestellt bist und in die Arbeit gehst).

Es ist wichtig zu wissen, dass es beim Selbstwertgefühl keine Grenze nach oben gibt. Wenn du dein Selbstwertgefühl in Prozent angeben müsstest, wobei 0% bedeutet, dass du so gut wie kein Selbstwertgefühl hast, und 100% bedeutet, dass mehr Selbstwertgefühl kaum geht … dann ist 100% nicht die Grenze! In kurzer Zeit kannst du bei 200% sein, auch wenn du dachtest es gehen nur 100%. Und irgendwann bei 100.000 und das kann ohne Grenze so weiter gehen.

Ich hatte früher einen negativen Glaubenssatz, der mein „Selbstwertverhinderungsprogramm“ war – ich glaubte nämlich, selbstbewusste Leute seien automatisch auch arrogant – und so wollte mein Unterbewusstsein lieber weniger Selbstwertgefühl, um nicht arrogant zu wirken. Aber dazu im nächsten Kapitel mehr.

Die Übung oben ist dazu da, dein Selbstwertgefühl auf der Skala ganz nach oben zu schieben (also im Beispiel die 100%), um aber die Skala zu vergrößern, gibt es eine andere, tolle Übung. Nämlich das Selbstwert-Journal. Diese Übung ist so genial, dass ich mit unserer Tochter Ceylin folgendes vereinbart habe: Wenn sie diese Übung an sechs Tagen pro Woche durchführt (einmal Schwänzen pro Woche ist erlaubt 😉), dann werfe ich zusätzlich jede Woche 5 € in unsere Kasse für Tiere in Not, die immer am Ende des Jahres gespendet wird.

Die Übung geht folgendermaßen: Du legst dir einen Block neben dein Bett oder nimmst deine „Notiz“ App im Handy (ich persönlich finde hier tatsächlich etwas greifbares wie ein Buch oder einen Block schöner/wertiger) und schreibst jeden Tag fünf Punkte/Sachen/Charaktereigenschaften/Reaktionen usw. auf, die dich heute besonders stolz machen (natürlich stolz auf dich!). Wenn du ein Leistungs-Mensch bist, der unter Dauerstrom steht, schreib mindestens drei Punkte auf die NICHTS mit Leistung zu tun haben (Charaktereigenschaften, Werte usw.), sonst steigt zwar dein Selbstwertgefühl an, gleichzeitig aber auch dein Stresslevel. Und wenn du ein fauler Mensch bist, dann schreib mindestens drei Punkte auf, die mit Leistung zu tun haben, das kann dich antreiben, ein bisschen „Zug auf die Kette" zu bringen. Jeden Tag schreibst du natürlich andere Punkte auf. Mit Ceylin habe ich die Vereinbarung, dass Punkt 1 sich jeden Tag wiederholen darf, nämlich „dass ich ich bin". Diesen Punkt darfst du gerne ZUSÄTZLICH zu deinen fünf Punkten verwenden, auch als Tagesziel (habe ich mich so verhalten, dass ich stolz sein kann, ich zu sein…? Also war ich beispielsweise ehrlich… treu… loyal… hilfsbereit?).

Schreib dir jetzt (egal zu welche Uhrzeit) fünf Punkte für den heutigen Tag auf, auf die du stolz bist), du schaffst fünf:

____

____

____

____

____

____

____

____

____

____

Ich werde anfangs für diese „Hausaufgabe“, die ich einigen meiner Kunden gebe, immer wieder verflucht. „Fünf Punkte, wie soll denn das gehen… und dann auch noch jeden Tag neue Punkte…“.

Was dabei passiert, sind drei grundlegende Dinge:

1. Wir lesen fünf Dinge, auf die wir an diesem Tag stolz sind, und sind allein schon deshalb stolz auf uns und laden damit unseren „Selbstwertakku“ auf.

2. Da du dich jeden Tag mindestens einmal damit auseinandersetzt, wird dein Unterbewusstsein einen Wahrnehmungsfilter installieren. In spätestens zwei Wochen fallen dir schon während des Tages immer wieder Punkte auf, die du dann am Abend niederschreibst und in spätestens vier Wochen frägst du dich, ob du auch mehr als fünf Punkte aufschreiben „darfst“. Ja klar, das kannst du machen wie es sich für dich richtig anfühlt.

3. Wir erreichen ein höheres Selbstwertgefühl durch Verfälschung von Ergebnissen 😉. Wir manipulieren uns zunächst selbst, denn wir machen ja auch Dinge, auf die wir nicht stolz sind – die schreiben wir aber nicht auf – wir „schmücken“ die Statistik quasi aus 😉. Dadurch, dass unser Selbstwertgefühl dann aber wirklich ansteigt, steigt auch unser Selbstvertrauen an, dadurch trauen wir uns mehr zu und TUN auch

mehr. Dadurch erreichen wir viel schneller viel mehr Ziele und so geht die Spirale nach oben! Immer weiter und weiter, also ist es eine gezielte Manipulation von uns selbst, bei der niemand zu Schaden kommt – also ethisch völlig in Ordnung.

Ich werde oft gefragt, und das gerade dann, wenn jemand überhaupt keine Lust hat, diese Liste zu führen: „Was ist denn das Erste, was DU heute gemacht hast worauf du stolz bist, Tobias?" Dann antworte ich so gut wie IMMER „Ich bin aufgestanden…". Dann kommt „Wie bitte?". Ja, es ist tatsächlich oft eine der ersten Handlungen (nach der Hypnose mp3.0, siehe Kapitel 19 „Hypnose mp3.0"), auf die ich morgens stolz bin. Ich hätte nicht aufstehen müssen, und so geht es den Meisten von uns, wenn wir mal ehrlich sind. Was würde passieren, wenn du morgens nicht aufstehst… an einem Wochentag. Vielleicht würden deine Kinder oder dein Partner verschlafen… vielleicht wären ein paar Leute sauer auf dich, im schlimmsten Fall würdest du deinen Job verlieren…. Aber hey! Realistisch betrachtet – du würdest es überleben. Also sei ab heute unbedingt stolz drauf, wenn du morgens aus dem Bett aufstehst, und das meine ich wirklich ernst!

Wieder sind wir einen Schritt weiter in Richtung „glücklichster Mensch der Welt". Und wenn du aktiv mitgearbeitet hast, dann wirst du jetzt bestimmt schon positive Veränderungen spüren und merken, dass du im Allgemeinen glücklicher bist. Woran merkst du, seitdem du dieses Buch liest und aktiv mitarbeitest, dass du glücklicher bist?

13. Dankbarkeit

Diesem Punkt widme ich ein eigenes Kapitel, da es meiner Meinung nach unbedingt notwendig ist, Dankbarkeit zu verspüren, um dauerhaft glücklich sein zu können!

Ich spreche hier von positiver Dankbarkeit, mit gutem Gefühl und ohne schlechtes Gewissen, die dazu führt, dass es uns allein schon deshalb glücklicher macht, weil wir schätzen, was wir haben.

Im Kapitel „Selbstwert und Selbstvertrauen“ habe ich geschrieben, dass ich einen Glaubenssatz hatte (unbewusst natürlich), der verhinderte, dass mein Selbstwertgefühl ansteigen konnte. Ich glaubte einfach, selbstbewusste Menschen seien arrogant. Später einmal erkannte ich, dass es gar nicht so ist. Viele arrogante Leute sind tatsächlich auch selbstbewusst (viele verstecken dahinter aber auch nur eine Unsicherheit oder gar Angst), aber andersrum ist das nicht zwangsläufig so.

Ich versuche gerne Regeln zu erstellen, um es mir rational verständlicher zu machen (weil ich Dinge, die ich nachvollziehen kann, eher glaube),. Welche selbstbewussten Leute sind denn NICHT arrogant… gibt es da vielleicht eine Regel dahinter? Ich für mich, konnte tatsächlich eine Regel finden.

Meist sind die selbstbewussten Menschen, die „nicht abheben“ genau die, die nicht arrogant werden. Und wie hebt man nicht ab? In dem man „auf dem Boden bleibt“. Und was bedeutet das genau? Man schätzt dankbar die kleinen und die großen Dinge des Lebens.

Ich will mich, egal wie selbstbewusst, wie erfolgreich oder wie reich ich bin, immer noch dankbar freuen, wenn ich einen Vogel zwitschern höre…. Wenn ich sehe, wie schön die Landschaft ist, durch die ich gerade fahre, wenn ich in Freiheit lebe und gesund bin. Und wenn meine Wahrnehmungsfilter so programmiert sind, dass mir jeden Tag vor allem die Kleinigkeiten des Alltags auffallen, für die ich mit Freude dankbar sein kann, dann kann ich fast gar nicht abheben und werde niemals arrogant werden, nur weil mein Selbstwertgefühl ansteigt. Außerdem mal ehrlich, wenn wir das Gefühl der Dankbarkeit spüren, dann sind wir in diesem Moment doch glücklich oder? Und wie heißt dieses Buch nochmal? 😉

Also spätestens jetzt sollte jedem Leser klar sein, dass Dankbarkeit unbedingt zu dauerhaftem Glück gehört.

Meine Frau und ich haben ein unglaublich schönes Ritual eingeführt (vielleicht sogar erfunden, das weiß ich ehrlich gesagt nicht). Wir schreiben jeden Abend gemeinsam in ein Buch. Wir schreiben extra mit Füllern, um es noch mehr aufzuwerten, obwohl Handschrift dies heutzutage eh schon tut. Jeder von uns schreibt drei Punkte auf, die er an diesem Tag in UNSEREM Beziehungsleben besonders schön oder toll oder spannend oder eben einzigartig fand.

Was passiert dadurch…? Wir installieren Wahrnehmungsfilter und sehen unsere Beziehung immer als etwas ganz Besonderes und niemals als selbstverständlich. Außerdem redet man miteinander (was in vielen Beziehungen längst nicht mehr „normal“ ist) und stellt im Idealfall jeden Tag aufs Neue fest, dass man der glücklichste Mensch der Welt ist. Und außerdem sind drei besondere Dinge in einer Beziehung pro Tag nicht gerade unmöglich viel, oder? Wenn es mal keine drei Punkte mehr gibt… Au weia… dann ist sowieso Rede- und Verbesserungsbedarf. Und wie schön ist es denn bitte, wenn in unserem Buch steht:

„Unsere 10-jährige Tochter und ihre Freundin bitten uns im Hallenbad, etwas leiser zu lachen, weil wir peinlich sind“

😉

Schreib dir jetzt gleich mal einige Punkte auf, für die du generell in deinem Leben dankbar bist. Hier dürfen meiner Meinung nach auch materielle Dinge stehen. Denn gerade bei Materiellem ist der Mensch oft so, dass die Vorfreude die größte Freude ist, und sobald man sich etwas kauft, wird es in die „gehört bereits mir – ist normal“ Schublade gesteckt. Ich wollte jahrelang ein Auto, mit dem ich vorwärtskomme, wenn ich

Gas gebe. Ich fahre relativ viel Auto und will einfach „vom Fleck kommen“. Wenn ich mit meinem ersten Auto (einem alten VW Polo mit 64 PS) mal auf der Landstraße überholen wollte, musste ich mich erst einmal minutenlang vorbereiten… mindestens 10-mal überprüfen, ob sicher kein Auto entgegenkommt – und dann…. Richtig: ein paar Gänge runter schalten… das Beste kommt aber erst: beim runter schalten wurde mein Polo ausschließlich lauter, aber nicht schneller… 😉.

2014 habe ich mir dann meinen Traum erfüllt, und seitdem bin ich jedes Mal in meiner Selbsthypnose dankbar dafür… ich freue mich tatsächlich jeden Tag über mein Auto, wirklich jedes Mal, wenn ich einsteige, seit über sechs Jahren. Dankbar sein macht einfach glücklich! Mach dir nun mal schriftlich Gedanken darüber. Wofür bist du generell in deinem Leben dankbar? Ich bin mir sicher, mindestens 10 Punkte findest du:

Wenn dir keine zehn Punkte einfallen, muss ich an dieser Stelle wirklich sagen: Überleg einfach so lange weiter, bis du deine zehn Punkte hast, denn es ist wirklich nicht schwer, zehn Punkte zu finden.

Und jetzt schreib zehn weitere Punkte auf, für die du speziell HEUTE dankbar bist (ja, egal welche Uhrzeit, und wenn dir keine einfallen, weil erst Vormittag ist, dann leg das Buch jetzt weg und warte bis abends 😉, denn sonst sind deine Wahrnehmungsfilter noch etwas eingerostet):

____

____

____

____

____

____

Wenn du hierbei Schwierigkeiten hast, dann schreib dir jeden Abend zusätzlich zum Selbstwertjournal eine Liste mit 5 Punkten, für die du an diesem Tag dankbar bist/warst. Hierbei werden deine Wahrnehmungsfilter für Dankbarkeit verstärkt. Noch intensiver wirken diese Techniken übrigens, wenn sie direkt dem Unterbewusstsein „gezeigt" werden. Deshalb gehe ich meine persönlichen Punkte (für die ich am jeweiligen Tag dankbar bin) täglich in inneren Bildern (mit Hilfe meiner Vorstellungskraft) durch. Es fühlt sich dann fast so an, als könnte ich diese Momente nochmal erleben. Meine persönlichen Dankbarkeitsfilter laufen auf Hochtouren und das fühlt sich unglaublich gut an, es macht mich jeden Tag glücklich wenn ich dankbar bin, es lässt mich „auf dem Boden bleiben", und es trägt dazu bei, dass ich der glücklichste Mensch der Welt bin.

Gratuliere, du bist wieder ein Stück weiter der glücklichste Mensch der Welt geworden! Sei stolz auf dich!!!!!!

Warum nochmal? Wegen des ________schwänzchens, genau! 😉

14. Ziele

Einmal, als ich mit einem Schulfreund von früher telefonierte, wurde mir wieder einmal bewusst, wie traurig (ich finde einfach keine treffendere Bezeichnung – sorry!) das Leben unglaublich vieler Menschen abläuft. Er und seine Frau arbeiten in größeren Firmen, nach Feierabend sehen sie meist fern und am Wochenende treffen sie sich mit Freunden oder Familie. Ich fragte ihn, „Na wie geht's?“, und er antwortet: „Passt schon“, ich habe sofort gehofft, dass ich nicht in irgendein Fettnäpfchen getreten bin, dass nicht irgendwas passiert ist, was ich wissen müsste, ein Todesfall oder so. Ich fragte einfach direkt „…was ist denn passiert?“ und bekam die Antwort: „nix, Arbeit halt.“.

Die beiden sind solche Menschen, die es (leider) viel zu oft gibt. Sie sind am Sonntag schon traurig, dass morgen Montag ist… sie arbeiten die ganze Woche nur auf das Wochenende hin und das ganze Jahr nur auf den Jahresurlaub.

Wenn sie in besagtem Urlaub dann im Ausland sind, dort schlechtes Wetter ist, und in Deutschland schönes Wetter, dann hassen sie die ganze Welt dafür… Und so geht es Woche um Woche… Jahr um Jahr…

und zack! Sind sie alt. Willkommen in der Alltagsdepression vieler Menschen. Der Grund dafür: Sie haben keine echten Ziele…!

Auf der anderen Seite gibt es Milliardäre, die nie mehr in ihrem Leben arbeiten müssten, selbst die nächsten fünf Generationen nicht, die aber trotzdem jeden Morgen um 5:00 Uhr aufstehen und BRENNEN für das, was sie tun. Sie haben Ziele und die wollen sie erreichen – das muss nicht einmal finanziell oder aus Gründen des Erfolgs sein, es kann auch ein soziales Projekt oder ein Garten oder sonst etwas sein – aber (!) sie haben Ziele.

Ich bin der Meinung, wer Ziele hat, der weiß worauf er hinarbeitet, und wer dabei nicht vergisst im Hier und Jetzt zu leben, der ist automatisch glücklicher, der sieht einen Sinn in den meisten Dingen, die er tut. Wenn die Ziele auch noch ausgeglichen sind zwischen Gesundheit, Beruf, Beziehung und Persönlichkeitsentwicklung, dann geht's richtig ab vor lauter Glück. 😉

Wir haben hier also vier Hauptsäulen im Bereich der Lebensziele:

- Beziehung
- Gesundheit
- Beruf und
- Persönlichkeitsentwicklung.

Ich arbeite außerdem zusätzlich fast immer mit Zwischenzielen. Diese Zwischenziele sind immer so formuliert, dass es einen klar definierten „Erreicht"-Zeitpunkt gibt. Also zum Beispiel < 100,00 kg Körpergewicht, dann macht die Waage dieses Ziel messbar. Oder aber drei Mal pro Woche laufen gehen, dann hast du jede Woche dein Ziel erreicht, wenn du drei Mal laufen warst.

Achtung: Wichtig ist hierbei vor allem, dass du bei Zielen, die soundso oft in der Woche oder im Monat erreicht werden sollen (wie oben genanntes Laufen/Joggen), die Messlatte lieber zu niedrig als zu hoch legst. Wenn du also in Wirklichkeit fünf Mal pro Woche Sport machen willst, dann nimm dir drei Mal pro Woche vor. Denn jedes Mal, wenn du nur vier Mal in einer Woche laufen warst, kannst du nicht richtig stolz auf dich sein, wenn du fünf Mal laufen als Zwischenziel formuliert hast. Wenn du aber vier Mal gehst, obwohl du dir „nur" drei Mal vorgenommen hast, dann bist du doppelt so stolz. Und richtig 😉, hier kommt wieder das Hundeschwänzchen ins Spiel, je mehr Stolz (also Lob – auch wenn es uns selbst gegenüber ist), desto eher wollen wir bzw. unser Unterbewusstsein die Handlung wiederholen. Klingt doch ganz einfach oder?

Gesundheit

Wenn du aktuell in gesundheitlich bester Verfassung bist, gratuliere! Und ich hoffe, dass dir klar ist, dass Arbeit nötig ist, um den Gesundheitszustand so gut es geht aufrechtzuerhalten. Du kannst keine Pflanze dauerhaft blühen sehen, wenn du sie nicht gießt. Vielleicht bist du noch jung, vielleicht hattest du immer gute Selbstheilungskräfte, aber wenn du bisher nicht auf deine Gesundheit geachtet hast, dann solltest du da vielleicht Ziele entwickeln. Aber rechnen wir einfach mal damit, dass du schon so weit bist und gesundheitliche Ziele hast. Das könnten sein:

- Rauchfrei sein
- Bestimmtes Gewicht erreichen (Achtung: genau definieren)
- (Mehr) Sport machen (Achtung: auch genau definieren)
- Stressabbau (wie oben: genau definieren)
- Ein „gesundes" Blutbild bis zum …. (Datum einfügen)

Was sind deine gesundheitlichen Hauptziele und was wirst (ja wirst, nicht willst!!!! – wir treffen Entscheidungen und senden keine Wünsche) du in den nächsten 12 Monaten erreichen?

Na also, dann weiter 😊:

Beruf

Wieso sollten wir arbeiten gehen, wenn wir kein Ziel mehr haben? Es heißt ja nicht, dass man immer weiter aufsteigen muss in der Firmenhierarchie, aber zumindest, dass man für irgendetwas „brennt“ und sich verwirklichen kann. Wer sein Hobby bereits zum Beruf gemacht hat, der wird oft feststellen, dass es sich gar nicht wie Arbeit anfühlt. Denn wer sein Hobby lebt, noch immer dafür „brennt“ und sich dabei entfalten kann, bildet neue Ziele oft automatisch von selbst. Ich zum Beispiel habe mir seit mehreren Jahren nicht mehr gedacht „ich gehe jetzt arbeiten“ – im Gegenteil – für mich ist ein Donnerstag genauso ein glücklicher Tag wie ein Sonntag. Ich muss mir aktiv überlegen, wann ich in den Urlaub „will“, denn ich war nicht mehr urlaubsreif seit ich ein eigenes Unternehmen habe. Ich weiß jeden Tag, wofür ich aufstehe, und erfreue mich an jedem einzelnen Tag an dem, was ich tue. Meine Arbeit gibt mir mehr Lebensenergie, als sie mich kostet und deshalb kann ich jeden einzelnen Tag mit noch mehr Lebensenergie zur Arbeit und wieder nach Hause gehen oder Seminare oder Vorträge halten. Oder ich merke plötzlich, so wie JETZT gerade eben, während ich diese Zeilen schreibe: Ich sitze mit meinem Laptop im Regen, und ich habe vor lauter Faszination und Vertieftsein gar nicht gemerkt, dass es zu regnen anfing. Es donnert sogar, na wenn das mal kein Alpha Zustand ist 😉. Jetzt aber zurück in den Wohnwagen Tobias 😉 (siehe Kapitel 20 „Wo dieses Buch entstand“).

Wenn du in deinem Beruf einer Arbeit nachgehst, die keinen Spaß macht oder dich nicht erfüllt, warum gehst du dieser Arbeit dann nach? Im Ernst, weißt du, wie viel Zeit deines Lebens du dort verbringen wirst. Und sag nicht, bevor du nicht wirklich nachgedacht hast „ich kann nicht anders…“. Wenn dann musst du sagen, ich WILL nicht anders. Weil wenn du wollen würdest, gäbe es bestimmt IMMER einen Weg, das zu tun, wobei dir das Herz aufgeht und dabei Geld zu verdienen.

Als ich mal einen Coaching-Tag mit Oliver Alexander Kellner (einem gefragten Trainer, von dem ich viel lernen durfte) verbrachte, sagte er zu mir: „Wenn du das tust, wofür du brennst und dabei darauf achtest, deinen Kunden echten Mehrwert zu bringen, dann lässt sich Geld – ALS ABFALLPRODUKT DES GANZEN – gar nicht vermeiden 😉“. Das finde ich immer wieder sehr witzig und treffend formuliert. Überleg dir doch mal, was würdest du den ganzen Tag über tun, wenn du plötzlich 10 Millionen Euro auf dem Konto hättest… Also nicht in den ersten paar Tagen oder Wochen, sondern auf Dauer…. Was würdest du tun, wofür brennst du?

Ja also, und jetzt suche dir mal einen von diesen Punkten aus, für den du besonders brennst, und überleg dir mal, wie man allgemein damit Geld verdienen kann… Nicht mal unbedingt du, sondern ganz allgemein, wer verdient damit wie Geld?

Und nun das Entscheidende, wie schaffst du es, dass du in fünf Jahren davon leben kannst? Es gibt eine Möglichkeit, ich wette! Also wie:

____

____

Wo bist du in einem Jahr (was dieses Ziel betrifft):

____

____

Wo bist du in einem Monat:

____

____

Wo noch heute:

____

____

Wenn ich eine Entscheidung treffe, dann fange ich immer SOFORT damit an, sie umzusetzen. Und wenn es nicht auf direktem Wege geht (zum Beispiel ein geschäftlicher Anruf, weil Sonntag ist), dann bringe ich mich in Zugzwang und schicke am Sonntag noch eine E-Mail, in der steht, dass ich mich „morgen" telefonisch melde.

Egal, ob du nun beruflich deine Leidenschaft auslebst oder nicht, wenn du zu denen gehörst, die immer jammern, wie viel sie arbeiten, ODER zu denen, die immer so viel arbeiten, dass die Familie darunter leidet, dann überleg dir einfach mal, ob es das wert ist, ernsthaft. Du musst nicht so arbeiten, du entscheidest, wie viel du arbeitest – das ist so! Ich habe mal ein Gespräch mit einer Einzelunternehmerin vom Land geführt und sie sagte mir, sie habe Mittwoch ab 12:00 Uhr immer Feierabend, könne aber den ganzen Mittwochnachmittag nichts unternehmen, weil sie sonst im Dorf von ihren Kunden gesehen werden würde, was dazu führe, dass die Leute schlecht über sie reden. Ihre Terminkalender wären doch voll und die Kunden warten sowieso schon viel zu lange auf einen Termin. Das finde ich traurig! Es gibt tatsächlich viele Unternehmer, die trotzdem nicht ihr eigener Chef sind… das muss man sich mal vorstellen. Ich stehe dazu, dass ich keine 40-Stunden-Woche habe (so genau kann man das bei mir nicht rechnen, weil ich wirklich meinen absoluten Traum lebe, auch beruflich) und wenn jemand dienstags einen Termin bei mir möchte, hab ich der lieben Barbara (die dich am Telefon begrüßt, wenn du bei uns anrufst) den Auftrag erteilt, dass sie immer ganz stolz sagen soll, dass man dienstags doch nicht arbeite, und ob der-/diejenige das nicht wisse. 😉

Frag dich einfach, wenn nächsten Monat (nicht gleich heute oder morgen) irgendetwas Schlimmes passieren würde und du wärst nicht mehr am Leben… In der letzten Sekunde: Würdest du denken, das war es wert? Würdest du die letzten Jahre wieder alles genau gleich machen/aufbauen?

____

____

Wenn du hier JA antwortest, dann gratuliere, du machst vieles richtig. Wenn du NEIN antwortest, dann lies das Kapitel einfach nochmal… und nochmal und nochmal und nochmal… bis du etwas änderst – es muss doch nicht immer erst etwas Schlimmes passieren, oder?!

Ich antworte dir auf meine Frage ganz ehrlich – ich würde dir seit langer Zeit IMMER antworten: Ich habe bis zum jetzigen Zeitpunkt alles aus meinem Leben gemacht, was ich wollte – bis hier hin – aber ich habe noch Bock drauf, viel (!) mehr zu LEBEN!!!! 😉

Sei stolz auf dich, einfach so… und weiter geht's!

Beziehung

Mit Beziehungszielen meine ich natürlich zum einen die partnerschaftliche Liebesbeziehung, zum anderen aber auch Beziehung als Überbegriff für Freundschaften oder eine Familienrolle wie Papa oder Mama zu sein. Ich hatte früher mal einen sehr großen Freundes- und Bekanntenkreis und irgendwann immer mehr und mehr zu hören bekommen, ich hätte nie Zeit, man sehe mich kaum noch… und lauter Formulierungen die mir jedes Mal ein schlechtes Gewissen machen sollten, nur weil ich nicht für jeden IMMER Zeit hatte. Die richtig guten Freunde bleiben genauso gute Freunde, auch wenn man sich nicht wöchentlich sieht, oder?!

Ich habe daraufhin meinen Kreis der wichtigsten Freunde derart dezimiert, dass ich mittlerweile sagen kann, ich habe ausschließlich BESTE Freunde – und Geschäftsbeziehungen – und natürlich meine Familie. Ich habe keine Bekanntschaften oder oberflächliche Freunde mehr… wozu denn auch? Meine Lebenszeit ist das Kostbarste, was ich besitze, und … und das macht es ja erst so richtig spannend, keiner weiß, wie lange er lebt (zumindest langfristig im Voraus).

Wozu sollte ich also meine Zeit mit Menschen verbringen, in deren Gegenwart ich mich nicht zu 100% wohl fühle… Ich mache jeden Tag das, wofür ich brenne, habe meine besten Freunde und meine Familie – ich verschwende keine Zeit, indem ich sie mit Menschen verbringe, die ich nicht mag, oder Dinge tue, die mir keinen Spaß machen oder mich nicht weiterbringen – das mag erst einmal hart klingen, ist aber eine klare Einstellung und hat mir viel Zeit geschenkt und viel unnötigen Stress erspart.

Aber die Beziehungen, die ich pflege, die sind mir sehr wichtig und denen schenke ich liebend gerne viel Zuneigung. Sowohl meiner Familie als auch meinen besten Freunden.

Die fünf Personen, mit denen du die meiste Zeit verbringst, die beeinflussen dich sehr. Das ist eine Regel, die ich immer und immer wieder gehört und gelesen habe und die sich bei mir immer wieder bestätigt hat. Sowohl Einstellung, als auch Einkommen, bestimmte Sprachmuster usw., alles Mögliche wird hierbei beeinflusst.

Wenn du also ein fleißiger Unternehmer sein willst, der richtig was bewegt auf dieser Welt, aber nur langzeitarbeitslose Freunde hast, die „zockend" auf der Couch liegen und von Arbeit oder Erfolg nichts wissen wollen, dann wirst du dich sehr wahrscheinlich deutlich mehr motivieren müssen, um mit der gleichen Power an die Sache ranzugehen, als wären all deine Freunde sehr fleißig und erfolgreich, oder was denkst du?

Hierbei habe ich für mich mal was ganz Tolles herausgefunden. Der Sport, den ich wirklich richtig liebe, den machen meine Freunde nicht. Fitness oder Bodybuilding ist nicht nur ein Sport, sondern es ist eine ganze Lebensphilosophie, wenn man es richtig machen will. Meine Freunde waren ja immer noch meine Freunde, auch als ich vor 14 Jahren mit meinem Sport anfing. Sollte ich mich nun zwangsläufig mit lauter Bodybuildern anfreunden, die ich vielleicht menschlich gar nicht so mag wie meine besten Freunde, nur damit ich mich automatisch „mitreißen" lasse und mehr schlafe, mehr auf die Ernährung achte usw.? Ich habe dann einfach angefangen, einige Dokumentationen über erfolgreiche Bodybuilder anzusehen und Zeitschriften gelesen: So „umgaben“ mich diese Personen quasi auch – aber nicht persönlich – und so mache ich das immer wieder, so kann ich über Medien Personen „in mein Leben lassen“, um eine bestimmte Sache von ihnen zu lernen, und sie dann einfach wieder „weglegen“. 😉

Welche fünf Menschen sind es, die dich die meiste Zeit umgeben?

____

____

____

____

____

____

____

____

Wer, den du so gut kennst, dass du ihn zu deinem engsten Kreis zählst, bringt dich „weiter“ und sollte eigentlich zu diesen fünf Personen gehören, tut es aber nicht (du siehst diese Person beispielsweise seltener)?

Vielleicht ist das ja eine Anregung, dir die Zeit, die du mit Menschen verbringst, die du gerne hast, etwas anders einzuteilen, vielleicht machst du aber auch schon vieles richtig, was das betrifft. Aber selbst wenn, es ist doch immer mal eine gute Idee, darüber nachzudenken, mit wem man sich umgibt und von wem man sich (unbewusst) beeinflussen lässt, oder? Gibt es Personen, mit denen du keine Zeit verbringen willst oder dich nie wohl fühlst, wenn du in ihrer Nähe bist, es aber trotzdem tust, aus Mitleid oder weil es „sich so gehört"?

Stell dir vor, in einem Monat wäre dein Leben vorbei… Hätte es sich gelohnt, genauso zu leben, wie du gelebt hast? Wenn ja, dann ist es richtig, dass du trotzdem Zeit mit diesen Menschen verbringst, wenn nein, dann solltest du dir vielleicht mal Gedanken machen…

Ich pflege in fast all meinen sozialen Beziehungen immer wieder gerne ein gegenseitiges und gemeinsames Reflektieren der Beziehung an sich… Also bin ich ein guter Mann, ein guter Papa, ein guter Freund, ein guter Sohn usw.?

Viele machen so etwas nicht, viele sind selbst innerhalb von sozialen Beziehungen nicht in der Lage, über ihre Gefühle zu sprechen. Wie oft höre ich von Angehörigen, die krebskranke Freunde oder Verwandte hatten, dass dort bis zum Ende nie über den Tod gesprochen wurde – somit war der „Sterbende" vielleicht alleine mit seiner Angst und hätte sich so sehr gewünscht, dass mal jemand mit ihm über den Tod spricht, wollte es seinen Angehörigen aber nicht antun oder hat sich nicht getraut. Also, trau dich einfach mal, wenn du es nicht eh schon tust, in deinem Umfeld zu erfragen: bin ich ein guter Papa, Ehemann, Freund usw.? Was kann ich verbessern, was mache ich besonders gut? Wen frägst du in den nächsten Tagen?

Wann leitest du den ersten Schritt ein?

Richtig, JETZT sofort, schick eine Nachricht oder ruf die-/denjenigen an und veranlasse ein Treffen, ein Date oder ein Gespräch. 😉

Nun zu den Liebesbeziehungen:

In Liebesbeziehungen geht leider so viel schief, dass ich hierzu gerade ein neues Seminar ausarbeite und mit Sicherheit auch ein eigenes Buch schreiben werde. Kennst du ein Paar, dass so eine unfassbar schöne Beziehung führt, dass du gerne (hier geht's nur um Gefühle, nicht um das Leben an sich) mit ihr/ihm tauschen würdest?

Ich dachte früher immer, ich kann eine Liebesbeziehung führen, wie eine freundschaftliche Beziehung… ich behandle meine Partnerin einfach, wie ich behandelt werden möchte und handle ausschließlich aus dem Bauch heraus, dann klappt das schon. Und es ist richtig, die meisten FREUNDSCHAFTEN beruhen auf diesem Verhalten und es funktioniert wunderbar. Für Liebesbeziehungen ist es meiner Meinung nach das sichere AUS. Achtung, hier geht's um meine persönliche Meinung! Frau und Mann sind derart unterschiedlich „gestrickt", dass man in einer Beziehung nur zu maximal 90% aus dem Bauch heraus handeln kann, der Rest, MINDESTENS 10%, sollte Kopfarbeit sein: reflektieren, hinterfragen usw.

Ich höre Männer, die in Beziehungen (oder verheiratet) sind, unglaublich oft klagen: „Warum will die ständig irgendwas verändern zu Hause… wir leben doch so schön…". Männer sind generell so, dass sie, wenn alles „läuft" im Leben, diesen Zustand erhalten wollen. Genau dann aber sind Frauen genetisch so gepolt, dass sie eine Art Unzufriedenheit entwickeln – sonst würden wir wahrscheinlich immer noch in Steinzeithöhlen hausen. Heute weiß ich, wenn meine Frau etwas verändern will – „ja also, ihr geht's gut, uns geht's gut". Deswegen ändere ich trotzdem nicht ständig etwas im Haus, jetzt weiß ich aber woher ihr Wunsch nach Veränderung kommt. 😉

Frauen dagegen sind oft Fans von indirekter Kommunikation. Wenn eine Frau beispielsweise frierend im Wohnzimmer sitzt (auf der Couch), der Mann daneben, und nochmal einen Meter weiter eine zusammengelegte Wolldecke, außerdem ein Fenster gekippt ist und sie friert… was sagt eine Frau denn dann? 😉 Ich wette, unzählige Frauen werfen einfach in den Raum: „Ohhh ist das kalt, Schatz". Meist bekommt sie dann welche Antwort? Richtig… ein „Ja" oder ein „Nein" und ist danach enttäuscht (wenn nicht sogar völlig entsetzt), dass der Mann weder das Fenster geschlossen noch die Wolldecke genommen und sie zugedeckt hat.

An dieser Stelle: Liebe Frauen, Männer haben weniger ein Auge fürs Detail, sondern nehmen meist ein Gesamtbild wahr (das ist ebenfalls genetisch bedingt und hat sowohl Vor-, als auch Nachteile!). Dein Mann weiß in dem Moment nicht, dass ein Fenster gekippt ist… Er weiß auch nichts davon, dass da eine Wolldecke liegt… Wenn es ganz krass ist, kann es sogar sein, dass er noch nicht einmal bemerkt hat, dass da ein Fenster ist 😉. Wenn du also willst, dass er dir die Wolldecke gibt und das Fenster schließt, dann sag: „Schatz mir ist kalt, kannst du bitte das Fenster schließen und mich zudecken?“, glaub mir, das macht einige Situationen um sooo vieles leichter. 😊

In jedem Fall bedeuten Beziehungen Arbeit, nicht nur in, sondern auch AN der Beziehung. Wenn man an einer Beziehung arbeitet, wächst diese Beziehung meist in die nächste Ebene… und auch da ist nach oben seeeehr viel Spielraum“. Also los geht’s! Sei stolz auf dich!

Persönlichkeitsentwicklung

Wie viele Menschen haben wirklich Lebensziele?

Wie viele Menschen arbeiten aktiv daran hin und setzen sich Zwischenziele?

Wie viele Menschen erreichen diese Zwischenziele?

Wie viele Menschen setzen sich überhaupt mit Lebenszielen auseinander?

Und wie viele von denen wissen, dass Persönlichkeitsentwicklung zu den Lebenszielen gehören sollte… wenn man menschlich wachsen will?

Ist es nicht auch so, dass du, wie ich oben beschrieben habe, diese alten Klassenkameraden kennst, die man trifft und merkt, der hat zwar einiges „erreicht“, sich aber als Mensch so gut wie gar nicht weiterentwickelt? Die Persönlichkeitsentwicklung sollte wirklich aktiv in den Lebenszielen mit auftauchen, wenn man auch menschlich gesehen weiterkommen möchte.

Hast du dich in den letzten zwei Jahren in deiner Persönlichkeit weiterentwickelt? Bist du jetzt die beste Version von dir, die es jemals gab?

____

In den letzten zwölf Monaten?

____

In den letzten sechs Monaten?

____

Was wirst du im nächsten halben Jahr aktiv unternehmen, um in der Persönlichkeitsentwicklung „weiter zu kommen“?

____

____

____

Na, hattest du Ideen? Du kannst Seminare oder Vorträge besuchen, du kannst dir einen Trainer nehmen, der dich wirklich weiterbringt, du kannst aber auch wie hier AKTIV mit einem Buch arbeiten… Hauptsache du tust irgendetwas!

Wann unternimmst du den ersten Schritt?

____

Und was bist du dann auf dich? 😉

____

Was willst du denn an deiner Persönlichkeit als nächstes „wachsen“ lassen?

____

____

Ich persönlich habe mir als Ziel gesetzt, und dieses Ziel höre ich jeden Tag in meiner Hypnose mp3.0 (siehe Kapitel 19 „Hypnose mp3.0“): Sorge dafür, dass du MINDESTENS jedes halbe Jahr einmal feststellen kannst „*ich bin JETZT die beste Version von mir, die es jemals gab*“, dann unternehme ich immer wieder automatisch Dinge, die mich „weiterbringen“. Als Zwischenziel dorthin gilt: „Sorge dafür, dass du dich jeden Tag mindestens einmal im Spiegel ansehen und lächeln kannst… Dann machst du alles richtig, was du dir zum Ziel gesetzt hast“ (immer vorausgesetzt man ist ein „guter Mensch“ und achtet darauf, dass die eigenen Lebensziele niemand anderem schaden).

Jetzt weißt du also, was du in den Bereichen „Gesundheit, Beruf, Beziehung und Persönlichkeitsentwicklung“ im nächsten Jahr erreichen kannst/wirst, wenn du aktiv an dir und deinen Zielen arbeitest und ständig damit weitermachst. Du sendest keine Wünsche – du triffst Entscheidungen, das ist wichtig! Wer wünsche sendet (ans Universum oder wen auch immer), der hat zwei Nachteile:

1. Wenn er sein „Ziel“ oder seinen Wunsch erreicht/erfüllt bekommt, dann ist er kaum stolz auf SICH selbst, sondern meist ausschließlich dem Universum, oder wem auch immer, demütig dankbar – das ist ein „Selbstwertverhinderungsprogramm“!

2. Wenn er sein Ziel nicht sofort erreicht, sucht er nicht nach anderen Lösungen oder Wegen… er wartet einfach ab… denn wenn sein Wunsch in Erfüllung gehen soll, dann kommt er schon zur rechten Zeit…

Kann man machen… muss man aber nicht. Klingt das nach Erfolg? Suche nach immer anderen und neuen Wegen bis du dein Ziel erreichst, sorge dafür, dass es klappt, steck deine Energie rein, gib „alles“ und sei, wenn du es erreicht hast, so stolz auf dich, dass dein ganzer Körper kribbelt – sooo lebt man Erfolg!

😉

Also, sind wir uns einig? Egal, ob du nun glaubst, dass das Universum dabei hilft oder nicht, (das kann jeder denken wie er will), vergiss dabei nicht DEINE UMSETZUNG (dein Handeln) und beim Erreichen des Ziels DEIN Selbstwertgefühl. Sei für jeden noch so kleinen Schritt, der in Richtung deiner Ziele führt, stolz auf dich).

Wie lautet deine Entscheidung?

____

Na dann … los! 😉

15. Geld

Wenn du denkst, dass (finanziell gesehen) reiche Menschen nicht glücklicher sind als die, die kein oder wenig Geld haben, dann hast du ein „Geld-verdienverhinderungsprogramm“ in dir oder zumindest kein aktives finanzielles Erfolgsprogramm.

Es mag sein, dass es viele Menschen gibt, die ihren Weg zum Glück sogar mittellos gefunden haben, oder die ohne Geld total glücklich sind… aber schaden kann es ja nicht, ein finanzielles Polster zu haben, oder? Wie groß das sein muss, darüber lässt sich streiten – aber wenn dein Kontostand immer weiter und weiter ansteigt… was wird denn dann passieren…?

😉

Dann wirst du mit diesem Geld bestimmt etwas Gutes für diese Welt tun, oder? Und allein aus dieser Sichtweise betrachtet ist es einfach deine Pflicht als guter Mensch, reich zu werden, bevor Menschen die nicht auf andere achten etwas Schlechtes mit diesem Geld für die Welt tun, oder?

Es gibt zahlreiche mentale Negativprogramme und –wahrnehmungsfilter, die verhindern können, dass wir reich werden (hier meine ich „reich“ wirklich im finanziellen Sinne).

Solche Negativprogramme (wenn man sie genau durchleuchtet, stimmen diese Aussagen, vor allem wenn man ein Mensch mit ehrlichen Werten ist, fast NIE) können sein:

- alle Millionäre stehen permanent unter Stress;
- reiche Menschen werden eher ausgeraubt;
- Geld macht geizig;
- den Menschen geht es heute nur noch ums Geld;
- reiche Menschen sterben früher;
- uvm.

Wenn eine der oben genannten „Aussagen“ bei dir zutrifft, also wenn du sie liest und der Aussage zustimmen kannst, dann würde ich an deiner Stelle etwas recherchieren. Dabei wirst du erkennen, dass so gut wie alle dieser Negativaussagen (-filter) aus objektiver Sicht betrachtet FALSCH SIND. Und deshalb programmieren wir diese Filter sofort um. Gehen wir die oben aufgeführten Punkte einmal nacheinander durch:

Alle Millionäre stehen permanent unter Stress? Nein, bei weitem nicht, ich habe mehrere Millionäre kennengelernt, die tiefenentspannt sind. Bestimmt gibt es Millionäre, die unter Strom stehen, aber es muss keine

Regel sein, um Millionär zu werden, dass man ein stressiges Leben führt.

Reiche Menschen werden eher ausgeraubt? Schau dir einfach mal Statistiken an… mit dem wachsenden Vermögen kann man ja auch die Sicherheitstechnik erweitern, oder? Zumindest dann, wenn man wirklich Angst hat, jemand könnte einen ausrauben.

Geld macht geizig? Ich denke, Geld macht nicht geizig, sondern Geld (im Sinne von Reichtum) verstärkt die Eigenschaften, die du bereits in dir trägst. Wenn du also mit Geiz dein Geld verdienst, dann wird Geld dich vielleicht noch geiziger machen… Wenn du finanziell immer erfolgreicher wirst und bereits vorher Suchtkrank warst (Drogensucht usw.), dann wächst wahrscheinlich auch deine Sucht parallel zum Vermögen…Wenn du immer reicher wirst und gerne irgendwem hilfst (Menschen, Tiere, Pflanzen, in irgendeiner Form), dann werden auch diese Eigenschaften sehr wahrscheinlich verstärkt. Wenn du faul dein Geld verdienst, indem du geniale Ideen hast und du mit wenig Arbeit viel Geld verdienst, kann auch diese Eigenschaft verstärkt werden. Deshalb ist es meiner Meinung nach unglaublich wichtig, bereits aktiv Persönlichkeitsentwicklung zu betreiben, bevor man auf Erfolgskurs geht (mindestens aber gleichzeitig), denn sonst weißt du ja gar nicht WER du bist, wenn du erst einmal reich bist, oder?

Und wenn du ein Mensch bist, der beispielsweise ehrlich, loyal und treu ist, der kann diese Werte mit wachsendem Vermögen kaum verlieren… oder?

Den Menschen geht es heute nur noch ums Geld? Warum kommen die Menschen dann trotzdem zu mir, wenn ihnen Geld wichtiger ist als die eigene Persönlichkeit weiterzuentwickeln? Warum gibt es noch Einzelhändler mit handgemachten Waren, die „teuer" verkauft werden? Warum gibt es noch „Made in Germany"? Weil diese Aussage, den Menschen ginge es nur noch ums Geld einfach nicht richtig ist! Fertig 😉

Reiche Menschen sterben früher? Wie oben bereits gesagt, ich denke, Geld verstärkt Eigenschaften – wer vor dem Reichwerden Alkoholiker ist, wird vielleicht sogar noch mehr trinken. Wer aber gesundheitsbewusst lebt, wird dann vielleicht noch gesundheitsbewusster leben, also ist diese Aussage ebenfalls grundsätzlich falsch!

Wenn du ein Mensch mit guten Werten, und erfolgreich bist in dem was du tust, dann sei dir dein Geld vergönnt, also erlaube es dir auch!

Welches Negativprogramm von oben trifft bei dir zu?

Wie lautet es, wenn du es überprüfst und es positiv ins Gegenteil formulierst:

____

____

(Hier könnte Beispielsweise stehen: „Ich bin glücklich – Geld macht mich noch glücklicher, denn ich tue Gutes für die Welt und mich damit“)

Wie erinnerst du dich immer und immer wieder an diesen neuen Glaubenssatz?

Wann gehst du dieses Thema an?

____

____

Richtig, jetzt! 😊

Und du bist dabei ________________ auf dich ohne Ende!

16. Kind bleiben

Mein Vater hatte einmal als ich 16 Jahre alt war die Idee, in meinem Heimatort Sulzberg ein Bobbycar-Rennen für Erwachsene zu veranstalten. Die ganze Straße wurde gesperrt und man sah so viele „erwachsene" Gesichter des Dorfes an dem Tag lachen und lächeln wie selten zuvor. Alle fuhren sie Bobbycar und wurden für einen Moment in ihre Kindheit „zurückgeworfen". Viele von uns verlieren mit der Zeit ihre kindliche Leichtigkeit, ihren Humor, ihr lautes Lachen, die Fähigkeit den Moment zu „leben" und zu genießen, oder einfach nur die „will ich – mach ich" Einstellung.

Warum sollte man sich denn solche Eigenschaften, die das Leben so lebenswert machen, einfach abgewöhnen.

Meine Frau Melly beispielsweise hat mir einmal erzählt, dass es ein „völlig absurder" Kindheitstraum gewesen sei, einen großen LKW zu fahren. Es klang tatsächlich im ersten Moment etwas außergewöhnlich, wenn man diese zierliche Frau vor sich sieht, aber ich sagte sofort „Dann mach es". Sie erzählte mir, sie sei früher abends oft auf dem Hausdach gesessen, habe die großen Sattelschlepper auf der Autobahn gesehen und sich dann immer vorgestellt, wie die Fahrer an der Raststätte anhielten und auf der Laderampe des LKWs ihr Sandwich essen… Wäre für mich persönlich kein Lebensziel aber wenn sie es will, soll sie es tun – unbedingt!

Sie hat es tatsächlich getan, hat den LKW-Führerschein gemacht. Danach ist sie bis zu Ihrem Geburtstag keinen LKW mehr gefahren (knapp drei Monate)… da habe ich sie überrascht. Wir haben uns einen Leih-LKW genommen, sind zu einer Raststätte gefahren und haben auf der Laderampe des LKWs ein Sandwich gegessen, obwohl es echt verdammt kalt, windig, und sogar etwas nass war. Mal ganz davon abgesehen, dass unser gesamter Laderaum leer war (und so wurden wir auch angestarrt bei unserem LKW-Dinner).

Nenne mir einen echten Grund, warum man solche Kindheitsträume nicht erfüllen sollte?

____

____

Als Kind hat man zwar noch nicht die Lebenserfahrung wie ein „großer“, aber auch noch keine Negativprogramme im Unterbewusstsein. Als Kind wollen wir Astronaut werden oder Rockstar – leider hören wir viel zu oft „das klappt eh nicht“ und irgendwann fangen wir an, das zu glauben… Und von diesem Zeitpunkt an wird unser Unterbewusstsein immer mehr und mehr durch mentale Negativprogramme verseucht. Das Problem ist hierbei, dass wir schon von klein auf, nämlich spätestens in der Schule, von „außen“ beeinflusst werden.

Einige Dinge, die wir unbedingt wissen müssten um ein dauerhaft glückliches Leben zu führen, lernen wir hingegen nicht.

In der Schule lernst du nicht, mit Geld umzugehen oder RICHTIG mit Geld umzugehen. Da lernst du nichts über Erfolgsverhinderungsprogramme. Da lernst du außerdem ganz oft nichts von Astronauten und Rockstars, sondern von Angestellten, die in einer bestehenden Infrastruktur ihre Aufgabe erfüllen und oft selbst nur in einem Hamsterrad „funktionieren“. Achtung: Ich schreibe „oft“ und nicht „immer“, es gibt durchaus Lehrer die selbst Persönlichkeitsentwicklung betreiben und dafür „brennen“ was sie tun, an dieser Stelle DANKE an euch, ihr macht eine unglaublich tolle Arbeit. Und weil wir in einem Land leben, in dem „Bildung“ kostenlos ist, gehen wir nach der Schule davon aus, wir müssten für „Wissen“ nicht bezahlen, darum nehmen wir kein Geld in die Hand, um in der Persönlichkeitsentwicklung voranzukommen.

Die kindliche Leichtigkeit ist doch einfach toll, witzig und unbeschwert. Ist es nicht schön, die kindliche Leichtigkeit und Unvernunft mit der heutigen Lebenserfahrung und „Vernunft“ zu mischen? Mein Vater hatte knapp 25 Jahre lang ein Schuhgeschäft in

Sulzberg. In einem kleinen Dorf im Allgäu kennt dich JEDER, wenn du ein (Schuh-)Geschäft hast. Als ich mal wieder besonders lustig drauf war (wir ärgern uns gerne mal gegenseitig), habe ich die Geldscheine meines Vaters aus dessen Geldbeutel genommen, sie zusammengefaltet und im Münzfach versteckt. Sie waren also noch da, er konnte sie jedoch nicht mehr sehen. Danach habe ich eine Scheibe Toastbrot genommen und ins Scheinfach gequetscht. Als er dann im Dorfladen bezahlen wollte (wo ihn jeder kannte), stand er mit einer zusammengequetschten Scheibe Toastbrot an der Kasse (ich weiß mit Essen spielt man nicht – aber ich sagte ja „die kindliche Unvernunft…“).

Ein anderes Mal habe ich mit Sekundenkleber sein Schustermesser (so ein Schustermesser hat keinen Messergriff und besteht ausschließlich aus Stahl, wobei nur eine Seite scharfgeschliffen ist) auf die Werkbank geklebt, man war das ein Spaß als man es laut aus der Werkstatt fluchen hörte 😉 – ich könnte noch ewig weitererzählen.

Welche lustige Eigenschaft, oder Eigenschaft die für Leichtigkeit sorgt, hast du aus deiner Kindheit bis heute behalten?

Wenn du keine findest, was war denn früher einmal die kindliche Eigenschaft, die dein Leben besonders leicht oder schön gemacht hat?

Wie bringst du diese Eigenschaft wieder in dein Leben? Eine Idee, mit Termin, lass dir JETZT was einfallen, komm dir fällt bestimmt was ein:

____

____

Mein Vater hat sich übrigens, als er 45 Jahre alt war, zu Weihnachten selbst eine Carrerabahn gekauft, weil er als Kind nie eine hatte… Sein bester Freund hat dasselbe getan… im nächsten halben Jahr wurde dann viel Carrerabahn „gespielt“ und dann – wie es als Kind auch gewesen wäre – wurde es wieder uninteressant und er hat seine Carrerabahn verkauft. Na und, aber er hat sich den Traum erfüllt. Also spätestens JETZT fällt dir was ein, oder?

Ich zum Beispiel stehe dazu, dass mir schnelle Autos gefallen. Schon als Kind stand ich oft vor Sportwagen und wusste, so einen will ich mal fahren. Vor zwei Jahren bin ich mal am Gardasee zehn Minuten Ferrari und dann zehn Minuten Lamborghini gefahren – danach seilte ich mich ab und lag den ganzen Tag zitternd vor kindischer Freude am Pool. Ich wollte beide Marken schon immer mal Probefahren, aber dann gleich beide an einem Tag – wow! Absolut kindisches Verhalten aber einfach nur toll, diesen Tag vergesse ich nie mehr!

17. Ängste loswerden

Fast jeder von uns trägt gewisse Ängste in sich. Diese Ängste sollen uns von Natur aus (man denke auch hier wieder daran, dass wir von Tieren abstammen) davor schützen, Dinge zu tun, die uns das Leben kosten könnten, also beispielsweise auf einem Baum in zehn Metern Höhe leichtsinnig herumzuturnen.

Da uns in der heutigen Zeit meist schon der Verstand davon abhält, Dinge zu tun, die uns einfach mal LEICHTSINNIG das Leben kosten könnten, brauchen wir diese Ängste oft nicht (mehr) zwingend. Sie stören uns aber auch nicht, denn wir tun in der Regel nicht so viel, was uns einfach das Leben kosten könnte… Ängste sind im Unterbewusstsein als Programm abgespeichert und genau dort werden sie auch ausgelöst (Herzrasen, kalter Schweiß, usw.). Das heißt, wir können, auch wenn unser Verstand begreift, dass eine bestimmte Angst keinen Sinn ergibt, kaum eingreifen und werden immer wieder das Opfer der eigenen Angst und das kann uns unglaublich viel Lebensfreude kosten, teilweise sogar so lebenseinschränkend sein, dass man sein eigenes Haus nicht mehr verlassen kann und in völliger Isolation lebt… ich hab schon einige dieser einsamen „Isolationshaushalte“ von innen gesehen, das hat wirklich nicht mehr viel mit Lebensfreude oder Glück zu tun – vor allem werden die meisten Ängste immer schlimmer, sobald man anfängt, die auslösenden Situationen zu vermeiden.

Ich habe schon mitterlebt, dass Menschen (ist mir wirklich aus erster Hand erzählt worden) Angst vor Vorhängen haben, Angst vor dem Schlucken von Essen, Angst davor, den Toilettendeckel offen zu lassen, Angst das Haus zu verlassen, … und mir würde noch so vieles mehr einfallen. Letzten Endes spielt es keine Rolle, welche Angst man hat, egal wie verrückt sich diese Angst zunächst anhören mag, sie sitzt im Unterbewusstsein und muss weg, wenn sie uns das Leben ohne greifbaren Grund schwer macht. Hypnose ist eine Möglichkeit, diese Ängste oft innerhalb von ein bis zwei Sitzungen komplett zu besiegen – ein für alle Mal!

Ich selbst hatte früher so enorm starke Höhenangst, dass ich nicht mal zum Streichen in meiner Wohnung (Deckenhöhe bis zu 4 Meter) auf die Leiter steigen konnte. Ich konnte auch nicht fliegen und jeder wollte mich immer beruhigen „sicherstes Verkehrsmittel bla bla …“, ich sagte dann immer mit etwas Humor, „ich habe keine Angst vor dem Abstürzen, ganz im Gegenteil, dann wären wir wenigstens am Boden … Ich habe nur Angst vor der Höhe“ 😉.

Nach einer einzigen Hypnosesitzung war die Angst weg… das Problem war nur, ich wusste nicht, ob die Angst tatsächlich weg war oder nicht, bevor ich in einem Flugzeug saß. Da ich deshalb nicht einfach so in den Urlaub fliegen wollte, habe ich einen Rundflug gebucht, welcher dann aber auf Grund schlechter Witterung abgesagt wurde… Es hat nicht geregnet und nicht gewittert… die Sicht war nur etwas trüb (Rundflüge lohnten sich laut Aussage des Piloten bei solche einem Wetter nicht). Dann habe ich mich so lange ans Telefon geklemmt, bis ich einen Fluglehrer erwischt habe, der sich bereit erklärte, mit mir zu fliegen. Natürlich war es dann auch noch ein kleines Flugzeug, das wir „von Hand“ zu zweit auf die Startbahn geschoben haben. Und während ein Airbus immer schneller wird, sodass du beim Start richtig in den Sitz gedrückt wirst, wurde dieses Flugzeug irgendwie nur immer lauter anstatt schneller 😉. Ich merkte richtig, wie ich damit rechnete, jeden Moment einen Angstanfall zu bekommen, aber er kam einfach nicht. Die „Angst vor der Angst“ blieb also erst einmal bestehen und brauchte ein paar „Beweise“, bis letztendlich auch sie immer kleiner wurde. Dieses Phänomen wurde mir schon oft von Menschen mit (untypisch stark ausgeprägten) Ängsten/Angststörungen berichtet.

Ich hatte damals mehrere Ängste die mich störten… unter anderem auch die Angst, vor Publikum zu sprechen.

Tatsache – in der achten Klasse ließ ich mir eine Note 6 eintragen, weil ich (obwohl ich der absolute Klassenclown war) mich nicht getraut habe, vor Menschen, die ich täglich sah, ein Thema, das ich selbst auswählen konnte, zu präsentieren. Ich habe mich den Ängsten gestellt: Heute lebe ich davon, vor Menschen zu sprechen und – glaub mir – es spielt keine Rolle, wie viele Menschen oder wer da sitzt, gib mir eine Bühne und ich spreche! 😉

Hinzu kommt ein echtes Handicap, das bei uns in der Familie liegt, das viele andere daran hindern würde, vor Menschen zu sprechen. Meine Oma hatte es, meine Mutter hat es, mein Bruder hat es und ich habe es auch – ohne körperliche Diagnose: wir zittern alle extrem. Wenn ich einen Stift, ein Papier oder ein Glas Wasser in der Hand halte, sieht man dieses Zittern mit bloßem Auge aus einigen Metern Entfernung. Und jetzt kommt der absolute Hammer: Mir war selbst niemals bewusst, dass das folgende Phänomen möglich ist… Ich habe es geschafft – mit Selbstwertgefühl und dem Wissen, dass das, was ich in meinen Vorträgen/Seminaren erzähle, der Wahrheit entspricht und es vielen Menschen hilft, glücklicher zu werden, dass mein Gegenüber so gut wie IMMER dieses Zittern ausblendet. Also mein Gegenüber oder mein Publikum nimmt mein Zittern erst wahr, wenn ich meine Geschichte über das Zittern erzähle und demonstriere, davor wird es meist ausgeblendet! Ist es nicht unglaublich, was unser Unterbewusstsein alles kann? Ich liebe meinen Beruf und immer und immer wieder merke ich, wie faszinierend und spannend dieses Thema ist und wie wenig wir aktuell in der Forschung über unser Unbewusstes wissen. Fest steht – wir wissen noch nicht viel darüber – aber allein mit dem Wissensstand von heute kann man schon unglaublich viel erreichen!

Achtung, an dieser Stelle sei noch erwähnt, dass „Hypnotiseur/-in" in Deutschland kein anerkannter Ausbildungsberuf ist, also ist es ratsam dich vorher zu informieren. Gerade, wenn es um Ängste geht, achte darauf, dass dich jemand hypnotisiert, der sein „Handwerk" wirklich versteht! Im Idealfall kennst du jemanden, der schon persönlich dort zur Hypnose war. Wenn nicht, frag einfach, ob besagter Trainer oder Therapeut Erfahrung mit deinem Thema hat, geh Rezessionen im Internet durch usw. Und übrigens, Angst vor einer Hypnosesitzung ist völlig unbegründet, wenn du in guten Händen bist! Du wirst weder „schlafen", noch „weg-sein", das sind alles Märchen, du bist mit dem Verstand in der Regel voll „dabei", wenn du hypnotisiert wirst, der Zustand, bei dem unser Wachbewusstsein „weg" ist, heißt entweder „Schlaf" oder aber „Narkose" und nicht Hypnose.

Was sind deine persönlichen Ängste?

____

____

Wie/wo hindern sie dich am glücklich(er) sein?

____

____

Was unternimmst du dagegen?

____

____

Und wann genau gehst du den ersten Schritt?

____

Richtig, JETZT! 😉

Bisher haben wir über Ängste gesprochen, die unsere „eigenen“ Ängste sind. Es gibt aber auch Ängste, die uns von außen eingeimpft werden, was wiederum mit unserem Umfeld zu tun hat. Also die Medien, aber auch der engste Kreis an Personen, die uns umgeben. Ich war bis 2014 Betriebsleiter einer Firma mit Festanstellung und hatte ein fixes Gehalt. Dann habe ich einfach gekündigt und mich selbständig gemacht. Zunächst als „Hypnotiseur“…. 2015 habe ich dann bereits während meiner Selbständigkeit eine Stelle beim Staat angeboten bekommen, verbeamtet… in meiner Heimatstadt Kempten und ich habe abgelehnt. Was denkst du, wie da mein Umfeld reagiert hat? Zu mir kamen damals „Freunde“, Familienmitglieder usw. und haben sich ernsthaft Sorgen gemacht, ob ich „durchdrehe“. Da werden dir also, weil sich der Mensch unbewusst von seinem Umfeld beeinflussen lässt, Ängste von außen eingeredet.

Inzwischen habe ich mir eine Regel erstellt, die Ängste/Zweifel dieser Art verhindern kann. Unser Umfeld beeinflusst uns … aber es kann ja nicht jeder deiner Freunde in jedem Thema, um das sich dein Leben gerade dreht, die gleiche Einstellung haben wie du. Also stelle ich mir bei Kritik aus meinem Umfeld immer die Frage: „Ist die Person, von der diese Kritik kommt – in diesem Thema – ein Vorbild für mich“. Wenn ich beispielsweise von meinem „freien“ Dienstag erzähle und einem erfolgreichen, 50-jährigen Unternehmer gegenübersitze, der seit 30 Jahren jeden Tag 14 Stunden arbeitet, werde ich kaum auf Begeisterung seinerseits stoßen – aber … und jetzt kommt es … wenn der sagen würde, „Super Tobias, du machst alles richtig“ – dann könnte irgendetwas nicht stimmen, oder?

Also kann es dir sogar Mut machen, wenn du plötzlich die Lebensenergie und das Selbstbewusstsein hast, der glücklichste Mensch der Welt zu werden – dann frag dich immer, wenn du auf Kritik stößt: „Ist der Kritikgeber glücklicher als ich…?“. Wenn ja, solltest du vielleicht mal auf seinen Ratschlag hören… Wenn nicht, machst du wahrscheinlich für dich alles richtig. Wenn zu mir jemand sagt, ich hätte mich „verändert“, antworte ich immer „danke“, weil es bei mir keinen Stillstand gibt, ich will als Mensch immer weiterwachsen können.

Cool, oder? 😉 Welche Ängste könnte dir dein Umfeld machen, wenn du alles was du dir bisher in diesem Buch vorgenommen hast, verändern wirst:

____

____

Ich gebe dir noch einen wertvollen Tipp, der oft verhindert hat, dass mich Gespräche dieser Art Energie gekostet haben. Verteidige dich nicht in solchen Gesprächen … Bestärke dein Gegenüber mit SEINEN Argumenten und übertreibe sie so maßlos, dass es lächerlich wird – damit nimmst du ihm jegliche Diskussionskraft und hast immer wieder was zu lachen.

Wenn jemand zu mir kommt (probier's aus, wenn du mir nicht glaubst 😉) und mich frägt „funktioniert Hypnose wirklich?" (man beachte, über 2.000 Hypnosesitzungen habe ich bereits durchgeführt!) antworte ich immer „Nein – ich kann nur gut lügen". Dann lachen in der Regel beide Gesprächspartner und die Diskussion ist beendet, mit klarem Ergebnis – mein Gegenüber erkennt, dass diese Frage nicht unbedingt nötig war. 😉

Diese Technik ist viel einfacher, als würde ich ewig versuchen, mein Gegenüber zu beruhigen, Statistiken zu zeigen und was man alles macht, um sich zu verteidigen …

Probier's einfach mal aus! Übe erst einmal ein paar solcher Antworten, ohne sie laut zu sagen, denn es erfordert schon ein wenig Schlagfertigkeit und Selbstbewusstsein sowas zu machen – dafür macht es dann aber richtig Spaß!!!!

Viel Erfolg beim Anwenden dieser Technik – es lohnt sich wirklich! 😉

18. Umsetzung!

Wie oben bereits erwähnt, bringt diese Sammlung an Wissen und Techniken dich nicht viel weiter, wenn du es nicht anwendest! Du wirst nicht daran vorbeikommen, zu handeln, wenn du ein dauerhaft glücklicher Mensch sein willst.

Nochmal einige Tipps, die die Umsetzung betreffen, zusammengefasst:

- Handle sofort. Mach wenigstens EINE Handlung, die dich in die richtige „Richtung" bewegt, in genau dem Moment, in dem du entscheidest. Wenn das nicht möglich ist, dann bring dich in Zugzwang! (Beispiel Arzttermin vereinbaren am Sonntag, dann schreib eine Mail, dass du am Montag anrufst, oder schau, ob man online einen Termin vereinbaren kann). Dieses Buch hier (die erste Rohfassung) schrieb ich übrigens, während es bereits angekündigt wurde, innerhalb von einer Woche. Der Plan bestand schon lange, der Titel seit sechs Monaten, und dann erst einmal Stillstand… Wie lange brauchst du, um etwas zu „schaffen“? Ganz einfach, und diese Antwort stimmt fast immer – SO LANGE WIE DU DAFÜR ZEIT HAST! Bei meiner Meisterarbeit, meiner Facharbeit, immer wenn ich Projekte hatte, bin ich genau ein oder maximal zwei Tage vorher fertig gewesen, wenn nicht sogar erst in der Nacht davor. Also habe ich mir für dieses Buch mit Ankündigung einfach eine Woche Zeit eingeplant, bin mit meinem Wohnwagen autark an einen wunderschönen Ort gefahren (siehe Kapitel 20 „Wo dieses Buch entstand…“) und habe dieses Buch geschrieben. Versteh mich bitte nicht falsch, die Techniken aus diesem Buch und das Wissen habe ich mir über viele Jahre angeeignet, und für die detaillierte Ausarbeitung habe ich im Nachhinein viel Zeit investiert, hier meine ich ausschließlich die erste Version. Also, handle sofort oder bring dich in Zugzwang – los! 😉

- Triff Entscheidungen und „sende“ keine Wünsche an irgendwen oder irgendwas! Menschen, die Wünsche senden, finden meist Ausreden, wenn sie ihre Ziele nicht auf direktem Wege erreichen und sie sind kaum stolz auf sich, wenn sie ihre Ziele/Wünsche erreichen (selbst für den Erfolg ist dann die „höhere Macht“ verantwortlich – das kann ein Selbstwertverhinderungs-Programm sein). Wer ein klares Ziel hat, der findet so lange immer wieder neue Wege, bis er es erreicht. Wenn du glaubst, das Universum hilft dir dabei, dann kannst du deinen Wunsch ja ZUSÄTZLICH formulieren, aber an erster Stelle sollte dein eigenes Handeln stehen.

- Vertraue dir selbst!

Menschen brauchen Sicherheit (denken sie). Wenn dein Selbstvertrauen eine gewisse Ebene erreicht hat, dann vertraust du dir derart, dass du weißt, du schaffst alles was du willst. Brauchst du also wirklich deinen Nebenjob noch? Willst du wirklich in deiner Beziehung bleiben, die sowieso in spätestens fünf Jahren scheitern wird, nur um dich/deinen Partner nicht zu verletzen? Und … und … und. Vertrau dir selbst – und sorge dafür, dass du dir selbst vertrauen kannst!

- Freu dich auf den „Erfolg" deines Handelns und besiege deine Ängste!!! Das Geheimnis, warum so viele Menschen nicht das Leben führen, dass sie gerne hätten (weil sie nichts dafür TUN), ist…

Und jetzt wird's besonders wichtig, ACHTUNG:

Oft ist die Angst vor Versagen/Verlust größer,
als der Wunsch nach dem Erfolg/Gewinn!

Dreh dieses Prinzip um, wenn es auf dich zutrifft! Was kannst du maximal verlieren?

____

____

____

____

____

Und was kannst du maximal gewinnen?

____

____

____

- Programmiere dein Unterbewusstsein, das ist meist eine Abkürzung zum Ziel, dein persönlicher Autopilot – und wie ich in meiner Hypnose mp3.0 Aufnahme oft sage – „dein innerer Schweinehund ist nicht länger dein Feind … er ist jetzt dein bester Freund!“ Was bedeuten soll, dass es keinen inneren Kampf mehr gibt, sondern alles scheinbar wie automatisch in Richtung Ziel läuft.

Es gibt die Möglichkeit, selbst zu visualisieren und mit dem Unterbewusstsein zu arbeiten. Hierfür eignen sich Selbsthypnosetechniken beispielsweise sehr gut. Eine andere Möglichkeit wäre, sich hypnotisieren zu lassen, wenn man mit einem Thema alleine im Moment nicht weiterkommt, oder das persönliche Selbstwertgefühl aktuell nicht ausreicht, damit man sich überhaupt zutraut, selbst an sich zu arbeiten.

> Außerdem bin ich der Meinung, es schadet nicht, ab und an das Unterbewusstsein „aufzuräumen". Achte hier bitte äußerst genau darauf, in wessen Hände du dich begibst, immerhin arbeitet hier Jemand mit DEINEM Unterbewusstsein. Oder – und das ist der Grund warum meine Hypnose mp3.0 überhaupt entstanden ist – du willst gerne dauerhaft und selbst an dir arbeiten, nimmst dir aber die Zeit dafür nicht. Dann kontaktiere mich und wir erschaffen dir eine Möglichkeit, die dich so gut wie KEINE Zeit kostet aber täglich wirkt (siehe Kapitel 19 „Hypnose mp3.0").

Ich hatte 2015 eine tolle Idee, die bis heute dafür gesorgt hat, dass ich fast jeden Tag an mir arbeite:

Ich habe mir eine Pflanze gekauft 😊. Hierzu musst du wissen, dass ich überhaupt keinen grünen Daumen habe. Jede Zimmerpflanze, die ich jemals zu pflegen versuchte, ging mir ein. Ich suchte einen Blumenhändler auf und sagte, ich brauche eine Pflanze, die in jeden Raum „passt", die einfach in der Handhabung ist, die man so gut wie jeden Tag gießen kann und die bestenfalls noch schön aussieht. Mir wurde damals, nach dem überraschten Kopfschütteln zu Beginn des Gesprächs, das Einblatt (Spatiphyllum wallisii) empfohlen. Seitdem habe ich (wirklich!!!!) immer noch meine allererste „Persönlichkeitsentwicklungs-Pflanze". Diese Pflanze gieße ausschließlich ich, außer wenn ich auf

Tour bin, da gebe ich das Gießen gerne in Auftrag 😉. Die Pflanze steht mitten in meinem Wohnzimmer und ich sehe sie so gut wie jeden Tag. Die eiserne Regel lautet – ich darf nur dann gießen, wenn ich Selbsthypnose aktiv angewendet oder meine Hypnose mp3.0 gehört habe. Diese Regel darfst du nicht brechen, sonst ist die Pflanze sinnlos. Aber wenn du siehst, wie die Pflanze die Blätter hängen lässt, weil du zu faul warst, an dir zu arbeiten, dann bekommst du ein schlechtes Gewissen, das kann ich dir sagen! Ich habe seitdem in vielen Einzelsitzungen und Seminaren das Einblatt verschenkt und bekomme immer wieder tolle Fotos von gewachsenen, wunderschönen Pflanzen.

Das Schönste daran ist zu sehen, dass die Pflanzen wachsen (symbolisch als Persönlichkeitswachstum), wenn man sich an die Regel hält. Ab und zu düngen oder das Umtopfen sollen dabei für aktives Reflektieren und neue Zielsetzung stehen. Kauf dir deine Pflanze, wenn du denkst, sie kann dir genauso helfen.

Kaufst du eine Pflanze?

____

Wenn ja, wann?

____

Auch wenn in einigen Kapiteln dieses Buches Geschichten stehen, die du interessanter findest als meine Pflanze … glaub mir … Umsetzung ist wichtiger als wir oft denken! Wenn du die Dankbarkeit vergisst, dann wirst du vielleicht arrogant. Wenn du das Selbstwertgefühl vergisst, dann bleibst du „klein“, auch wenn du Erfolg hast. Aber wenn es an der Umsetzung scheitert, dann passiert gar nichts. Also los 😉

19. Hypnose mp3.0 – die neue Generation der Hypnose

Einmal musste ich beruflich bedingt für fünf Jahre am Stück von Montag bis Freitag um 3:15 Uhr (also morgens!) aufstehen. Als ich hauptberuflich mein eigenes Unternehmen gründete, habe ich sozusagen meine „Rache an dieser Zeit“ genommen 😉. Ich wollte ein ganzes Jahr lang ohne Wecker aufstehen – immer erst wenn mein Körper selbst entscheidet, dass er wach ist.

Meine frühesten Termine fanden nicht vor 10:00 Uhr morgens statt. Und sechs Monate später wurde es schon 12:00 Uhr… Bis ich erkannte, der ganze Tag verschiebt sich immer weiter nach hinten, wenn ich so weiter mache: Je länger ich schlief desto länger war ich abends wach. Bevor ich irgendwann nur noch nachts arbeitete und tagsüber schlief, beschloss ich „jetzt ist genug mit ausschlafen“. Von Natur aus scheint es schon einen Sinn zu haben, wenn der Körper selbst bestimmen darf, wie lange er schläft. Aber mein Gewissen litt etwas darunter, als Barbara (die liebe Stimme die dich am Telefon begrüßt, wenn du bei uns anrufst) jeden Morgen um 8:00 Uhr anfing zu arbeiten und ich erst irgendwann gegen 12:00 Uhr. Ich versuchte immer wieder früher aufzustehen, habe sämtliche Wecker überhört, da ich einen sehr tiefen Schlaf habe, und war abends nie richtig müde. Ich merkte, wenn ich mal früh aufstehe, dann brauche ich trotzdem „ewig“, bis ich wirklich wach und richtig konzentrationsfähig war.

Der Schlüssel war erst einmal, so unglaublich früh aufzustehen, dass 8:00 Uhr oder 9:00 Uhr schon wieder „spät“ war, ich somit bereits ein paar Stunden wach war bevor ich ins Büro ging.

Ich entschied also, künftig um 5:00 Uhr aufzustehen und erstellte mir einen fixen Plan für morgens.

5:00 Uhr - 6:00 Uhr: wach werden, Kaffee trinken und 30 Minuten Dehnübungen

6:00 Uhr - 6:30 Uhr: Cardiotraining auf dem Spinningrad (auf nüchternen Magen -> nur „schwarzer“ Kaffee)

6:30 Uhr - 7:00 Uhr: Duschen (am Ende eiskalt), anziehen usw.

7:00 Uhr - 8:00 Uhr: Frühstück, Gassi mit dem Hund, Familie, und unsere tierischen Familienmitglieder versorgen 😊

Und dann ins Büro…

Wie sollte das nur funktionieren, wie sollte ich mich motivieren…?

Es gibt bislang drei bekannte Möglichkeiten, die einen mehr oder weniger direkten Zugang zum Unterbewusstsein des Menschen ermöglichen:

1. **Wiederholung,**

2. **Emotion und**

3. **Veränderte Hirnfrequenz**
   bei der die Kritikfilter im Unterbewusstsein nicht so ausgeprägt arbeiten wie sonst, also beispielsweise den Alpha-Zustand (bei ca. 10 Hz. Hirnfrequenz). Diesen Alpha-Zustand erleben wir öfters am Tag, aber wir erleben ihn IMMER beim Einschlafen und beim Aufwachen. Wenn du nicht bewusst darauf achtest, merkst du nicht, dass du dich im Alpha-Zustand befindest, es handelt sich um einen „leichten" Trance-Zustand. Also ließ ich mir eine geeignete, motivierende Hintergrundmusik produzieren, schrieb mir personalisiert einen Text in hypnotischen Sprachmustern, der mich motivierte aufzustehen und sprach es im Tonstudio ein. Das Ergebnis war eine 10-minütige mp3, die mich unglaublich motivierte, früh aufzustehen. Als ich merkte, wie „stark" die Wirkung direkt in meinem „Autopiloten" war, schrieb ich mir einen neuen Text, der mehr beinhaltete als nur die Motivation aufzustehen. Hier hörte ich die ersten drei Minuten ausschließlich meine persönlichen „Selbstwert-Trigger", was dazu führte, dass ich mit dem Gefühl aufwachte „mich kann absolut nichts auf-

halten, ich schaffe alles was ich will". Danach programmierte ich meine Dankbarkeitsfilter und dann kamen meine Ziele (alles in hypnotischen Sprachmustern). Zusammen mit der extra darauf abgestimmten Musik, die mit „echten" Herztönen und ausgewählten Frequenzen den Alphazustand unterstützt aber trotzdem motiviert und „wachmacht", war ich fasziniert von meiner fertigen Guten-Morgen-Hypnose. Und genau diese Idee entstand an einem Dienstag auf dem Motorrad.

Ich erzählte meinem besten Freund Martin davon und nahm auch für ihn eine personalisierte „Morgenhypnose" (wie ich sie zuerst nannte) auf. Er rief mich sofort nach dem ersten Anhören an, und sagte „Tobi, sowas braucht jeder Mensch dieser Welt – ich will nie mehr ohne meine Morgenhypnose aufwachen!".

Von da an stellte ich die Idee einigen meiner Kunden vor und viele entschieden sich dazu, noch eine personalisierte „Morgenhypnose" produzieren zu lassen – um den tollen Zustand, den sie nach der Hypnose hatten zu erhalten (bei all den Manipulationsversuchen im Alltag die auf unser Unterbewusstsein abzielen). Inzwischen habe ich viele Kunden, die meine Hypnose mp3.0 sogar einer klassischen Hypnosesitzung vorziehen – speziell bei Menschen die keine gravierenden „Probleme" haben, sondern sich einfach gerne selbst optimieren wollen.

Nach drei Monaten sah ich mich „gezwungen", mir eine neue Morgenhypnose zu produzieren, da ich so gut wie alle Zwischenziele, die ich mir bisher morgens sagte, bereits erreicht hatte. Seitdem habe ich inzwischen meine 10te mp3 für mich selbst produziert – eine effizientere Methode, mein Unterbewusstsein zu programmieren, habe ich bis heute nicht entdeckt.

Das geniale daran ist, dass ich mir aktiv keine Zeit nehmen muss. Denn ich stelle mir einfach einen Wecker 15 Minuten früher als ich aufstehen muss – und höre dann die mp3 an, während ich meist sogar wieder einschlafe (voller Zugang zum Unterbewusstsein, kaum aktive „Hinterfragungsprogramme"). 15 Minuten später klingelt sicherheitshalber ein zweiter Wecker, wobei ich mich gegen Ende der Aufnahme so unglaublich motiviere, dass ich meist von selbst wieder aufwache. Nach inzwischen knapp drei Jahren und mehreren hundert produzierten mp3 Dateien weiß ich, welch intensiven Erfolg die meisten Kunden innerhalb kürzester Zeit spüren und erleben. Wer genaueres erfahren möchte kann auf Youtube meinen Namen eingeben und sieht ein paar Videos von Kunden, die die Morgenhypnose anwenden. In diesen Kurzinterviews hört man, was die mp3 mit ihnen „gemacht" hat.

Die nächste Generation ist jetzt eine neue Version dieser mp3. Die Hypnose mp3.0. Hier hole ich dich in einer ebenfalls ca. zehn minütigen mp3 erst einmal mit den Worten ab, dass du der glücklichste Mensch der

Welt bist ... um dir anschließend minutenlang zu erklären, warum ausgerechnet DU der glücklichste Mensch der Welt bist – mit Punkten, die wir vorher zusammen erarbeiten, vor Ort oder per Videotelefonie. Ich habe bereits Vorgespräche von Los Angeles bis Südafrika geführt, dank der Technik heutzutage ist das recht einfach möglich, vor allem, wenn im Voraus keine direkte Hypnose als Kickstart „notwendig" ist. Am Ende dieser mp3 motiviere ich dich derart, dass du fast von selbst „im Bett stehst". Und so kann dein Tag in Zukunft IMMER starten, wenn du es willst. Außerdem sparst du dir Zeit und programmierst trotzdem täglich dein Unterbewusstsein.

Ich gebe ehrlich zu, dass mir während ich dieses Konzept erfunden habe, erstens gar nicht bewusst war, dass es so etwas aktuell noch gar nicht gibt (individuell und personalisiert), und zweitens, wie genial die Idee ist: Aus Faulheit, mich morgens aktiv selbst zu hypnotisieren, habe ich ein Produkt erfunden das mittlerweile gut ein Drittel meines Gesamtjahresumsatzes „ausmacht". Faule, erfolgreiche Menschen sind mit die besten Optimierer, die es gibt.

20. Wo dieses Buch entstand …

Dieses Buch entstand unter wirklich besonderen Umständen, deshalb kurz die Geschichte dazu. Die erste Besonderheit finde ich, ist der Zeitraum. Anstatt mich erst einmal bei anderen Autoren zu erkundigen, wie man ein Buch schreibt, habe ich ohne jegliches Wissen EINE WOCHE dafür eingeplant. Wie oben bereits beschrieben ist hier die Rede vom ersten Entwurf – es steckt viel Zeit, Erfahrung und Herzblut in diesem Buch – wie du sicher beim Lesen bemerkt hast.

Für mich war klar, ich will mich eine ganze Woche ausschließlich auf dieses Buch konzentrieren und das ging nur, weil ich wirklich tolle Unterstützung hatte (siehe Kapitel 21 „Danke!")

Ich bin (ich schreibe jetzt bewusst in der Gegenwart, weil ich JETZT GERADE immer noch dort bin) mit meinem Wohnwagen autark an einem der (für mich) schönsten Orte dieser Welt., im Ostallgäu, direkt an den Bergen, hat Schorsch Kössel ein wunderschönes Hotel im Paradies – und dieses Wort trifft den Nagel auf den Kopf – denn er hat aus seinem Hotel „Der Bären in Zell", das eh schon an einem der schönsten Orte der Welt steht, ein wahres Paradies geschaffen.

Es gibt keinen zweiten Schorsch Kössel … dieser Mann ist ein Macher wie er im Buche steht – er hat zu seiner Leidenschaft des Kochens vor 15 Jahren die Gartenarbeit für sich entdeckt und seitdem so gut wie nichts anderes mehr gemacht, als im Garten zu arbeiten, Gemüse/Kräuter anzupflanzen und zu ernten 😉. Schorsch hat weit über 100 Tomatensorten und weit über 100 Chillisorten – er pflanzt alles Mögliche selbst an (ca. 30 Tonnen Ernte pro Jahr). Und das Wichtigste dabei:

Alles giftfrei!

Schorsch Kössel ist für mich eine lebende Legende, was das Wissen über Pflanzen und Gemüse angeht. Er hat zudem eigene Schweine, Schafe, Hennen und sogar einen Fischteich und einen Flusskrebs-Teich. Bei Schorsch wurde auch das Musikvideo zu „RespekTiere" gedreht, welches ich mit der Band Losamol aufnehmen durfte – der perfekte Ort als Kontrast zum grausamen Text über Massentierhaltung.

Dieser Mann „brennt" förmlich für das was er tut – und du kannst beim Zuhören nicht anders, als „mitzubrennen". Immer wieder steht er mit strahlenden Augen vor mir (Schorsch ist ungefähr vier Meter groß und hat mindestens drei Meter große Hände 😉 – im Ernst, Schorsch ist echt riesig!), hält eine Kartoffel, oder einen sprießenden Samen in den Händen und erzählt mir eine Geschichte dazu – und ich merke wie ich mit Gänsehaut „an seinen Lippen klebe". Das Tolle daran ist, dass man bei Schorsch, beziehungsweise seinem Sohn Joschua, sehr gut Essengehen kann, denn ein Restaurant gehört mit zum Hotel und auch hier wird das selbst Angebaute mitverarbeitet. Mit seiner Frau Marion (einer Ärztin – pflanzliches und medizinisches Wissen treffen in dieser Beziehung zusammen) und zwei seiner drei Kinder lebt und liebt Schorsch seinen Traum. Mittlerweile kann man seine selbst gemischten/gekochten Kräutersalze, Tees, Ketchups, Liköre und vieles mehr sogar kaufen.

In regelmäßigen Vorträgen im Garten führt Schorsch seine Besucher in das Wissen der Kräuter- und Gemüsekunde ein und fesselt sie mittels Faszination. Es ist wirklich unglaublich, wie man so für das was man liebt, „brennen" kann.

Einmal gewitterte es, große Hagelkörner zerstörten Pflanzen längst vor der Erntezeit … da stand Schorsch schon im Garten und pflanzte neue Samen ein. Unglaublich, oder?! 😉

Ein Besuch lohnt sich wirklich. Vielen Dank Schorsch, dass du mir Zugang zu deinem privaten Rückzugsort im Paradies ermöglicht hast.

UM DAS HIER AUSDRÜCKLICH KLARZUSTELLEN – „Der Bären in Zell" ist ein Hotel – dass ich hier mit meinem Wohnwagen stehen durfte war eine Ausnahme für mein Buch.

21. Danke!

Dieses Buch konnte nur entstehen, weil ich die Unterstützung von unglaublich tollen Menschen hatte.

Zuerst ein riesengroßes Danke an meine Familie, vor allem an meine Frau Melly, die mir eine Woche lang komplett „denn Rücken freigehalten hat", damit ich mich in der geplanten Zeit ausschließlich um mein Buch kümmern konnte und mich außerdem täglich besucht hat, mir ein Lächeln und frisches Essen oder Klamotten mitgebracht hat (jaaa ganz autark wie im Mittelalter habe ich gelebt haha 😉). Euer wunderschönes Strahlen in den Augen ist jeden Tag mein persönlicher Spiegel dafür, dass/ob ich ALLES gegeben habe, die beste Version von mir selbst zu sein – und damit jeden Tag aufs Neue mein Tagesziel Nummer 1!

Vielen Dank an meinen allerbesten Freund Martin Folgmann – Martin danke, ohne dich wäre dieses Buch nicht entstanden. Du bist mein permanenter Life-Coach und gehst mit mir durch dick und dünn.

Ohne dich wären einige der schönsten Dinge meines Lebens nicht so schön gewesen, wie sie waren/sind. Wenn ich hier alles aufschreiben würde wofür ich dir dankbar bin, bräuchte ich ein eigenes Buch allein dafür. Danke für DICH!

Schorsch Kössel mit Familie, euch danke ich dafür, dass ihr mir ermöglicht habt, in eurem Paradies ein Buch zu schreiben.

Mein Dank geht außerdem an all meine Kunden – für ihr Vertrauen. Zusätzlich nochmal danke an die unter euch, die mir erlaubt haben, ihre Geschichten in diesem Buch zu veröffentlichen! Der Einblick in eure persönlichen Geschichten kann anderen (neuen) Mut machen – Wow!

Außerdem bedanke ich mich bei allen, die an meiner Befragung zum Thema Glück teilgenommen haben. Ihr habt mir eure „persönlich essentiellen Punkte für dauerhaftes Glück" verraten und mir erlaubt, diesen „Erfahrungs-Pool" zu veröffentlichen.

Mein Dank geht an das Team von Tobias-Kunert.de und Zebimed.de, Sabrina und Barbara, ihr seid das beste Team überhaupt, Danke dafür!

Danke an meine tolle Freundin seit Schulzeiten, Allie Kinsley, die bereits seit einigen Jahren erfolgreich Bücher schreibt, mit der ich seit meiner Jugend sehr gut befreundet bin und die mir geholfen hat, aus „vielen Wörtern" ein Buch entstehen zu lassen! 😉

Danke an meine beiden unglaublich guten Freunde Battista und Piero Lama, ihr seid ein wichtiger Teil meines Lebens und habt mir viel Inspiration gegeben – immer und immer wieder!

Danke an meine Hündin Kimba, die mir jeden Tag mehrmals ein Lächeln ins Gesicht zaubert, die sich einfach IMMER freut wenn sie mich sieht und die bei der Entstehung dieses Buches im Wohnwagen dabei war und mir Gesellschaft geleistet hat. Bedingungslose Liebe – DANKE!

Danke an alle, die mir geholfen haben, dass dieses Buch entstehen konnte!

Und vor allem lieber Leser, geht mein Dank an dich! Wenn du dieses Buch bis hierhin gelesen hast, dann hast du mir deine Zeit und bestimmt auch einen Teil deines Vertrauens geschenkt – vielen Dank dafür. Wenn du aktiv mitgearbeitet hast, dann haben wir sogar beide etwas davon 😉. Und wer weiß, vielleicht treffen wir uns ja doch mal persönlich, oder haben uns bereits persönlich getroffen und du hast dieses Buch gekauft, WEIL du mir bereits vertraust – danke auch hierfür.

Dein Tobias Kunert

Printed in Poland
by Amazon Fulfillment
Poland Sp. z o.o., Wrocław

71539819R00101